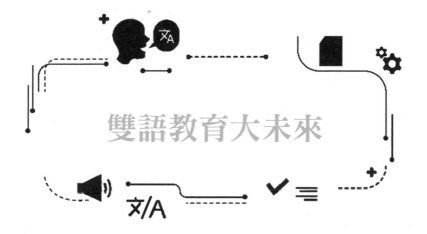

雙語教育大未來

掌握最新趨勢與發展，
讓孩子在教學實驗場中勝出！

陳超明——著

目次

Part 3 在家如何實行雙語教育？

Part 4 家長如何幫助孩子
在雙語教育實驗場中勝出？

附錄

前言
從我六歲兒子雙語教育的經驗談起

　　1997 年我去加州柏克萊大學擔任訪問學者，研究也教課。當時，機會難得，帶著六歲的兒子租借在舊金山 25 大街一平房。透過舊金山教育局的安排，只懂 26 個字母的兒子去念附近 Lockwood Elementary School，據說是舊金山很好的小學之一。

　　第一天帶去學校，老師與兒子聊聊，看他的程度，結果他被安排在小一的班級，班上共有 17 位小朋友：1/3 是白人、1/3 是西班牙裔的孩子、1/3 是亞裔的孩子（日本、韓國、大

陸），我兒子應該是唯一台灣來的，而且是不會講英文的。從那時候開始，我開始關心孩子在陌生的外語環境中，如何建構他自己的語言學習模式。回到家，怕他忘了國語，還是教他台灣的國語課本，可是他的四聲卻一直搞不清楚（之後回到台灣，還是搞不清楚）。

兒子開始聽得懂了！

　　幾次去學校看他、接他回家，看他跟著其他孩子做動作 (take off your coat, and hang it there)、下課時老師說：Put the chair on the desk. 很神奇地他照做了。我問他，如何知道這些事的，他說每次老師這麼說，同學都這樣做，他就跟著做。我問他：什麼是 chair，他就指著椅子說："That's a chair." 這時候，他才去學校上學不到一個月。中午時，老師告訴我給他 one dollar，可以去 Cafeteria 吃中飯。我很擔心他不知道怎麼去、怎麼點，但是還是給他 one dollar，每次回家，我都很懷疑他是否吃了午餐？他說有啊！中午老師說："Time for lunch; you may go to the cafeteria." 他剛開始不懂，另一個韓裔同學就牽著他的手，去 Cafeteria，他看著食物，點了一塊 pizza 及牛奶、一小盤水果，就這樣，兒子跟著我度過了在舊

金山的一年小學生活。

　　五月份，學期最後一次上課的時候，他回家很高興地告訴我，今天全班同學給他鼓掌！我說為什麼？他說：他今天說了一句很長的英文，老師很驚訝、同學都很高興：Eric 會開口說話了！

🌸 神奇的改變！

　　孩子的外語學習就是這麼神奇，在十個月的不斷輸入及引導，沒有任何人幫他翻譯的情況下，六歲的孩子竟然在學校能夠與老師、同學溝通。他的導師 Mrs. Hills 一直告訴我：Eric 很聰明，數學、體育、美勞都跟得上，要我不用緊張，雖然他不會說！這樣大量的英語輸入、持續的輸入，雖然僅有短短的十個月，每天幾個小時的英文聽說讀寫（回家還是說國語，我每次要跟他練習英文，他都說：爸爸，這不是你的語言！），他在不經意、不學文法的情況下，開始學會了英文。

　　回到台灣之後，我延續這種作法，先送他去一個美籍老師的家教班（大約 5、6 個孩子）去上英文閱讀課，老師就是一直讀故事書，讀給他們聽，也要他們大聲朗讀，一個星期

兩次，一次兩個小時。到了小三，有次我把大學學測的作文題目拿給他（題目是：我書房中最珍貴的東西），短短一個小時之後，他交給我一篇 300 字的文章，雖然有些小小錯誤，但是用詞遣字及文法句型變化，都令我驚艷，比我當時在批改的大學學測高中生的作文寫的還好！我問他，你怎麼知道如何寫的？他說：很多故事書都有類似的句子，我就寫上去了。我說你怎麼知道： I am happy about my _____. 而不是 I are happy. 他說：「我這一輩子只讀過 I am 從來沒有看過 I are。」

雙語思考的不同

　　三年級有一次班親會，我去他政大附小的教室一看，遠遠就認出兒子掛在哪裡的畫，構圖及色彩都跟其他孩子不一樣，老師也很驚訝！接著從三年級開始，我就聘請從小在美國長大的政大英文系學生來家裡教兒子閱讀，以英語教閱讀，完全不用中文翻譯，閱讀不同書籍（從故事書到科普、體育及音樂），一直持續到高中三年級，大學考試的前一週！（當然，中間我又加了日文、阿拉伯文的學習，他也沒有排斥，也是同樣的方法，大量閱讀、不翻譯！日文及阿拉伯文老師

都是來自該國的交換生，中文也不怎麼好，也很難翻譯！）

　　孩子在這種雙語（或多語）環境下學習，沒有學文法、沒有中文翻譯，一週大約兩小時，漸漸地、沒有壓力下地，掌握了外語！進入大學，他的英語能力大概應付全英語授課都沒有問題，他的入學考試英文也都沒有問題（國中會考英文滿分、大學指考英文只錯一題閱讀測驗），我也很少看到他拿起學校的英語課本在研習，大都看到他在看英文小說 *Hunger Games* 或看網路 NBA 的球評解說，他一直嫌台灣的球評說的不好，只能聽國外的英文球評！

　　跟著兒子這十多年來的成長，期間，我也閱讀不少國外英語習得的學術研究與案例，感受到過去 20 年來，歐美國家大量推動雙語（或多語）教育，指出對孩子認知能力、記憶力、解決問題能力的啟發，也發現之前我兒子學習語言的方式（與台灣傳統背單字＋文法翻譯的模式完全不同），完全呼應了雙語教育的基本精神，從美國舊金山小學的沉浸式學科學習到回台灣之後的大量有意義輸入及輸出，成就孩子堅強的外語能力！雙語教育研究的一些理論與實務，浮現在我腦子裡面，也印證兒子在這段學習過程中的經驗。

🏮 從台東到高雄的雙語路

2009 年黃健庭當選台東縣長，隔年透過多益台灣總代理邵作俊董事長介紹，我進入台東的英語教育現場，融合我兒子學習英語成功的經驗與新加坡的教育理念（教得少、學得多 Teach Less, Learn More），開啟台東的英語教育改革與實驗，從偏鄉做起！

在幾年的實驗後，台東偏鄉孩子的英文學習得到很大的正面回饋：學生很喜歡上英文課，而且不靠補習，學生學會了！幾年後，我向黃縣長提及在偏鄉推動「雙語教育」，黃縣長邀請了偏遠的 8 個學校校長來聽我簡報，並提出工作方向及策略作法，在縣長下任的前一年，我們向國發會提出5000 萬元的國際化計畫，其中涵蓋 4 個學校的雙語教育，計畫通過了，可惜縣長也面臨任期到了。計畫並沒有完全實現，當然當時經費不足也是原因之一。

之後，在台南市推動英語成為第二官方語言政策，當時的許和鈞副市長跟我討論策略，我也順便提出雙語教育的重要性，之後台南市也開始規劃。

真正落實我的雙語教育理念與實際作法，大概是在一次偶然機會向當時高雄市教育局范巽綠局長提出構想，很快地

我們找了 4 個國小，正式成立雙語國小，採取國際學校作法，每個年級 1/3 課程以全英語授課（EMI），重點放在生活藝能健體課程上。那是 2018 年的時候，我們成立台灣 4 個雙語國小（1/3 課程以 EMI 模式進行），也在新竹縣峨眉國中建立台灣第一個雙語國中。之後在桃園市，在鄭文燦市長及高安邦局長的支持下，我們開辦了 7 個雙語國小、2 個雙語國中；這個計畫也延伸到了雲林縣，我協助開辦 4 個國小、4 個國中的雙語教育！

確立雙語的教學模式與原則：EMI

EMI（English as a Medium of Instruction 英語做為教學語言）模式採用歐美雙語學校的理論與實際經驗，並融合了我在美國舊金山那段兒子小學的雙語經驗，建立了幾個雙語教育原則：

1. 以學科素養為導向：不是英語課，而是學科課程！
2. 做中學：從經驗中學習、從動手做開始，才能內化知識、能力，才能學會語言。
3. 鷹架理論：透過老師與學生的互動，建立鷹架，讓學生好

好學習。

4. 控制語言：使用學生聽得懂的語言，配合肢體動作及視覺輔助。

5. 不翻譯：不透過中文，而是直接以英文去理解，而且絕對不能中英文夾雜，也沒有所謂講中文或講英文的比例問題。以英文思考，不經過中文！

6. 讓學生產生連結、喜歡上課：設計活動及任務，有趣地把知識與能力傳授給學生。

7. 教室管理：注意個別學生差異，讓每個學生都很忙著學習！

8. 分組學習、座位安排：不再是排排坐的形式，而是以學習者為中心的座位安排法，透過分組學習，利用多元智慧，讓每個學生利用他的優勢來學習。

以上 8 項原則，完全從理論與實務中，獲得印證。在經過 5 年的實踐與教育現場運作，我們得到非常好的成果：學生喜歡上這些英文上課的生活藝能體育課程、學生能夠以英文跟老師溝通、學生覺得英文是一種生活溝通的工具、不是死板的學科記憶！

在《雙語教育大未來》這本書中，我也希望家長能夠了

解雙語教育對孩子啟蒙的重要性，也分享如何好好在雙語教育道路上走的穩。當然各地資源有限，教育單位觀念不同，可能會誤解雙語教育的本意或弄出一些荒腔走板的作法。我們也不忍苛責這些教育單位，但是，希望這本書的出版，能夠讓教育者及家長更深入了解雙語教育的真意及該有的正當態度！

🌀 雙語教育是一種趨勢，別抹黑了雙語教育，其他先進國家都在做！

雙語教育是全世界的教育趨勢，也是聯合國教科文組織推動培養全球化公民的一項重要工程！我們不希望一些草率的作法或陳腐的殖民論述，抹黑了雙語教育的真正意涵。由衷感謝過去這幾年來，許許多多對我個人雙語教育啟發的學者與家長。

過去幾年來我也在《親子天下》、《敦煌 Caves Family》、《國語日報》寫了不少專欄文章，感謝他們讓我將這些心得納入這本書裡面，在此一併致謝。

給孩子最珍貴的禮物：雙語教育

最後，我以過來人的家長身份與大家分享：讓你的孩子具備雙語或多語能力，再加上專業技能與知識，未來一定可以給個人及國家社會，做出最大的貢獻與成就！祝福所有的家長，在雙語教育的路途上一起努力，大家一起給孩子這一輩子最珍貴的禮物！

Part 1

什麼是雙語教育？

Chapter

雙語教育是 21 世紀
台灣及世界的教育趨勢！

前言

　　歐盟在 2005 年針對多語言政策發表了 A New Framework Strategy for Multilingualism。對於歐盟會員國來說，語言多元性乃是消除彼此之間歧異與容納彼此之間差異的重要途徑，該委員會提出多語言主義（multilingualism），主張歐盟是多元整合體 "unity in diversity: diversity of cultures, customs and beliefs—and of languages"，認定 23 種

歐盟官方語言，並訂定多項多語言推行政策，孩童在學習初期除了自己的母語，至少學習兩種外語為其目標，並希望會員國的居民都能運用至少一種外語與他國人民溝通，而英語也是歐盟的共同語言。（引自陳超明，《英語即戰力》）。

東南亞國家，尤其是泰國，於 1995 年開始第一個公立的雙語教育計畫，2007 年東南亞國家聯盟（ASEAN）更在高峰會議中，將英文訂為聯盟國家的工作語言（working language），也就是除了自己的母語外，希望參與此聯盟的國民都會說兩種以上的語言。加拿大、美國也在近十年來成立不少中文與英文的雙語學校，馬上成為小學、中學的重要教育政策。雙語教育從 20 世紀的末期到 21 世紀初，已經成為歐美及亞太國家的教育主軸之一。

雙語教育是 21 世紀教育的趨勢

＊從歐美、亞洲到非洲

歐美國家的雙語教育與東南亞的雙語教育，雖然起始點各有不同，但都著重在於多語言思考、溝通與多元文化認知。語言可以促進思考、文化可以強化彼此間的尊重與容忍。在

2015 年「聯合國教科文組織」提出「培養全球公民素養白皮書」中，定義國際溝通能力與全球連結力，更凸顯雙語教育的重要性。台灣要進入國際社會，也要國際社會走入台灣，國民的雙語能力則是重要的軟實力之一。

這幾年來，不少腦神經科學專家提出具體研究報告。2012 年《紐約時報》刊登學者研究指出：「雙語者在認知、執行及情境能力上，都能透過雙語訓練來強化。」（March17, 2012）。台灣推動雙語教育，完全與世界主軸教育接軌，培養學生的國際溝通能力、多元文化與認知能力。問題在於我們如何推動雙語教育，以及我們對於雙語教育的認知是否正確？

你的孩子開始說英語了！

*雙語教育不是要每個人擁有「雙母語」（國語、英語）！而是每個人會講國語、母語及「工作上」需要的英語。

雙語教育的目標在於國人都能夠具備基礎國際溝通能力，也能建立與國際連結能力。畢竟台灣是個海洋國家，不

是海島（孤立）國家，每個人依照自己工作需求，除了自己的國語、母語外，強化自己「使用」英語能力，不要再把英語當「學科」學習，背一堆單字、學一堆文法，卻對於簡單日常生活英語無法開口。

以英語來上「生活藝能健體」課程，不會影響對於知識學科或考科（如社會、自然、數學）學習，反而強化使用語言的自信與能力，希望家長到各地雙語學校看看，你的孩子開始說英語了！

從英語教育到雙語教育：為什麼？

雙語教育的主要精神，除了延伸英語教育外，主要是希望孩子在學習語言過程中，能夠「使用」英語，而非只是「學習」語言知識或背單字、文法。誠然，台灣的英語教育推展並非很成功，很多英語課，尤其是進入國中、高中階段，老師大都以中文講解，從文法到課文解讀（翻譯）。試問：一個沒有任何英語輸入（input）的語言課程，如何讓學生有機會開口或使用英語的輸出（output）？這也是英語教育延伸成「雙語教育」的主要關鍵：希望以英語做為某些學科（如生活、藝能、健體等）的授課語言，讓學生能夠在這些課程

「聽到英語、使用英語」，增加英語使用的機會。

語言熟練及運用，需要長期且密集的使用。如果學校的英語課用中文上課，什麼時候才有時間使用英語呢？英語變成一種跟數學、自然、歷史一樣的學科，在吸收「語言知識」。即使英語課全程用英語，但是一個星期只有 3-4 節，小學更只有 1-2 節，根本不可能學會一種外語的。期望學生每天至少接觸英語使用 2-3 小時，才可能好好「使用」英語。

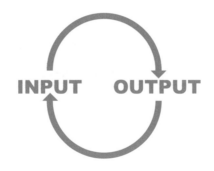

INPUT　　OUTPUT

重點整理

★雙語教育已經成為歐美及亞太國家的教育主軸之一。

★雙語教育可以培養學生的國際溝通能力、多元文化與認知能力。

★雙語教育不是「雙母語教育」，而是要每個人會講國語、母語及「工作上」需要的英語。

★孩子要能夠「使用」英語，而非只是「學習」語言知識或背單字、文法。

★每天至少接觸英語使用 2-3 小時，才可能好好「使用」英語。

Chapter

2

雙語教育是台灣孩子的福氣？
還是夢魘？

　　自從執政當局提出台灣將在 2030 年成為雙語國家，以中文及英文為主要國民使用語言，引起不同專家學者及民眾的熱烈討論。不少語言學者提出語言主體性的質疑，台灣小孩應該從母語出發，求學階段再以中文為主，不應成為上個世紀英美殖民帝國的遺毒；也有不少民眾及中小學第一線教育者，站在實際執行面來看，認為使用英語成為教學語言，在有限資源及經費上，幾乎是不切實際的想法。

學習英語是某種台灣全民共識？雙語呢？

　　儘管不切實際，台灣父母親讓小孩從小學習英語的風氣（與壓力）從來沒有減少過。從幼稚園到兒童英語補習班，從學校到職場，英語從來就被視為一項競爭利器。不同階段的入學考試或國家考試，英語都是必考項目，任何人都不能否定「英語」對其現階段或未來發展的影響。學英文幾乎是全民運動，從小學英文也是另一項「台灣共識」。然而，一提到是否將「英語」定為國家的另一個語言，雜音就出現了！很可悲的是，現今社會，似乎只有經濟能力佳的家長，才能給予小孩雙語學習環境，而經濟弱勢或偏遠地區的家庭，只能靠政府？

　　我們撇開政治立場不談，也不要深究現今政府是否有決心、有能力、有資源推動雙語政策。看看家長及小孩學習面上，問個問題：是否要讓小孩從小擁有雙語能力（中文及英文）？雙語教育是正面？負面？

雙語對認知與未來學習的影響

　　誠如《紐約時報》有關雙語的文章所言，〈為何雙語者

比較聰明？〉引述近年來雙語學習研究（或多語學習）的積極與正面看法，提出以下雙語者的優勢：**雙語經驗能改進腦部執行功能，增加注意力集中及處理語言衝突的能力**；此外，**雙語者認知思考層次提升，也可以增加記憶力，並對社交能力及文化溝通能力幫助甚大。**

　　然而使用母語以外的英語來學習，沒有任何障礙嗎？非洲肯亞於 1963 年獨立，除了自己母語外，設立英語為其官方語言，儘管對國際接軌幫助頗大，但第一時間，對於學生學習現場產生不少負面影響：（1）學生參與度下降，老師變成教學的主導；（2）學生邏輯和抽象概念尚未建立，使用母

語都很困難理解，使用英文學習數理科學，學習流於形式；（3）老師素質不夠，學生沒有好的學習環境養成語言能力。土耳其於 1984 年推動全面英語授課，反對的教育學者也指出：學生學習英語成效不佳，降低理解內容能力；透過英語學習，學生跟自己的文化與語言產生嚴重的疏離感，甚至帶來自我成就的低落感。

到底使用雙語學習帶來正面效果？還是學習的夢魘？小孩從小學習兩種語言（非母語，而是外來語言），會不會造成學習障礙？還是會提升其學習能力？

語言學習有無關鍵期？

無可否認地，我們都希望小孩除了母語（中文及本土語言）外，都擁有很好的外語能力（如英文），然而是否從小學習？是否把它當成第二語言呢？主張從小學習外語的人，提出小孩有**語言學習關鍵期（critical period）**，認為語言學習愈早越好。然而這項語言學習關鍵期論點，似乎否定了長大學習語言的可能性。不少人是在青少年（如台灣早期學生從國中開始）或成年後，才開始學習外語，也可以學習很好，如大學法文系、日文系或是德文系學生，大都進入大學

後才開始學習，雖然不如母語流利，但是不少人都可以流利使用該外語，可見關鍵期論點有其盲點。

近年來學者提出：語言學習有其**敏感期**（sensitive period），也就是越小學語言，對於語言接受度及熟悉度，比較快速及容易。不可否認，小孩在認知學習過程中，對於外在刺激（如聲音），基於生存本能，很容易接受外在語言指令，並回應該項指令。不同語言的輸入，對認知學習，都是比較自然且沒有壓力的。這樣說來，小孩學語言是否比大人容易、簡單多了？

沒錯，小孩生活環境單純，學習及成長幾乎是其全部生活內容，不像大人有很多生活煩惱及雜事，學習注意力很難集中。此外，小孩對於聲音的敏感及模仿能力，在十一歲之前，都非常強烈，適合學習多種語言，當然也包含本土語言。可是，這並不表示大人就無法學習好一種外語，關鍵點在學習強度及學習專注度，而非年紀。

可見語言學習對小孩來說，並非一種學習困難，反而是種本能，鼓勵小孩從小說不同語言是最自然不過的。我從小鼓勵兒子講台語、看台語連續劇、跟奶奶說台語，在環境中學會了基本的母語溝通能力。台語的能力，並沒有影響在學校以國語為主的數學、社會學科的學習！

⬡ 英國的語言政策：獨尊英語？

我們再看看以英語為母語的英國，如何看待這個問題。從國家競爭力、全球化觀點來看，英國人實在沒有必要學習另一種外語；從族群主義的立場來看，掌握英語優勢，才是英國所應該推動的語言政策。

然而，事實並非如此，英國教育部門於 2002 年推出全國語言策略（National Languages Strategy），訂出全國性的語言學習策略，不僅針對小學、中學、大學，甚至涵蓋社會人士的終身學習，其檢驗年限訂在 2010 年。英國小學必須介紹外語學習及文化，要求小學高年級（Key Stage 2）必須學習一個外國語及接觸他國文化，主要以德文、法文、西班牙文為主。在進入中學後，繼續加強其外語學習並與未來課程及專業學習結合（雙語教育）。也就是英國認為第二語言政策，才是未來決定全球競爭的一項重要利器。

回到雙語學習的問題上。在教育面上，我們是否要強迫小孩學習雙語呢？從小使用兩種語言學習，會造成學習障礙嗎？越來越多的歐洲多語教學研究顯示：小孩子都有學習兩種以上外語的能力。對本國文化的瞭解，反而因為與外國語言文化的衝擊與對話，更能深入地反省及吸收本國或是本族

群的文化與語言內涵。啟蒙時期的語言純化或是淨化（單一母語的學習），對於小孩未來多元文化學習並非有利。

價值選擇：你的語言選擇是什麼？

這牽涉到價值選擇的問題上，也就是語言學習或是使用雙語不僅僅是教育問題（如學習關鍵點）或僅文化或族群認同問題，而是價值選擇的問題：你認為英語是否在小孩教育上扮演重要角色？你的小孩需要會流利使用兩種語言嗎？你希望小孩有多元文化思維嗎？

我的小孩從小學三種外語：小一英文、小三日文、小四阿拉伯文；國語在學校使用，台語在家裡看電視、跟奶奶溝通。這些語言一直跟他進入職場。他不是外語系學生，而是理工科及商學院出身。我曾經問他：你會把語言搞混嗎？那麼多語言，會造成學習障礙嗎？他疑惑地看著我，好像我問了一個莫名其妙的問題。

我一直認為「語言」是我們給小孩最珍貴的禮物，不管是國語能力的強化、本土語言的使用或是英語力的流利溝通，都是開發腦力的一部分。現在不少家長絞盡腦汁，送小孩學英文，希望小孩能夠流利使用英文，無非是看上未來國

際競爭不可或缺的那一塊「基本能力」。

很多人質疑，難道現今英語教育還不夠嗎？看看 50 年來的台灣英語教育，在現今教育體制下，英語成為一門學科，一門語言學家研究爭辯的外來或殖民語言。

只是想對一些反對雙語的人說：小孩多說一種外語，並不會喪失自己的語言與文化；也沒有任何研究顯示，會雙語的人沒有其他專長，也沒有人愚蠢地認為會說英語等於國際化；使用雙語，並不表示英語會取代國語，也沒有要求英語要跟國語或本土語言一樣流利，雙語教育並非「雙母語」教育！

英語如何成為國人隨手可用的語言，除了國語（中文）外，大家會很自然的使用英文，才是我們應該思考的問題。不管政府的具體措施有無到位，還是只是一種政治口號。但是台灣成為雙語國家，甚至成為一個多語國家，這是一個前瞻思維，也是一個未來思維。然而台灣的雙語政策會不會成功，由於諸多因素干擾，我不敢奢望。

我們就從自己的孩子做起好了。多會一種語言，就是多開一扇窗戶。使用雙語，不僅是開窗戶，而是開了一道門，讓我們走出去，也讓外面的人走進來！

★語言學習對小孩來說，並非一種學習困難，反而是種本能。

★啟蒙時期的語言純化（單一母語的學習），對於小孩未來多元文化學習並非有利。

★「語言」是我們給小孩最珍貴的禮物。不管是國語、本土語或是英語，都是開發腦力的一部分。

★雙語教育是訓練孩子使用兩種語言思考與溝通，並非「雙母語」教育！

★使用雙語，是多開了一道門，讓我們走出去，也讓外面的人走進來！

Chapter

3

台灣雙語教育的混亂：
EMI 或 CLIL ？

　　現在台灣各地方國小、國中掛滿「雙語教育」或「雙語學校」的招牌，各地方政府推出雙語教育，真是五花八門：有的以社團形式（英語口語社）、有的就把「國際教育」改成雙語教育課程、有的將中文與英文夾雜納入學科、有的大量使用教室英文（如：stand up, sit down 等教室指示英語），這就是雙語教育嗎？

真正的雙語教育：
學校內的教室語言使用兩種語言上課

*以台灣為例：中文與英文

　　國外歐美國家、東南亞國家或一些非洲國家（如肯亞），推動的雙語教育，大抵以其母語及英語做為兩種語言的教室用語，但是這兩種語言並非加雜出現在同一門課程上，而是某些課程用母語、某些課程用英語。以英國劍橋大學的 EMI（English as a medium of instruction）報告建議如下：

母語　◎社會學科　◎母語學科

英語　◎自然學科　◎生活藝能學科

上面的學科比例，大抵為各 1/2。如以美國休士頓某些雙語學校來看（大都是所謂的 Charter Schools），他們的雙語為英文與中文，學校在一半的學科（以知識份量較重的）使用英語，而以生活技能（如音樂、美術、體育等）為主的課程則使用中文。其比例大約也是英文、中文課程各佔一半。

在台灣，由於師資及資源限制，教育部及不少地方政府對於雙語學校的定義進行調整，如以桃園市、雲林縣、高雄市為例，大約是 2/3 的學科課程（如國語、自然、數學、社會學科等）以中文（國語）來上課、1/3 課程（如生活、藝能、體育、音樂、美術、童軍、科技等）以英文作為上課語言。

為何需要 1/3 課程？

台灣一些地方政府為了省事或推出政治口號：「校校有雙語」！不少學校只是象徵性地以一兩節課程用英文上課或將英文課放一點藝能課程內容，就號稱雙語教育或雙語學校！

然而，雙語的養成是需要時間的！掌握一種語言，其實需要兩個條件：一是長久的浸潤、一是環境的構成，也就是說孩子要在這種語言環境中不斷的吸收、不知不覺地聽講，

才會不費力地掌握這個外語。以 1/3 課程用英語上課就是要創造以上兩個環節。以小學為例，每天大約有 1–3 節課以英語來上課，孩子在不經意地吸收中，很容易就慢慢接納，然後在 2–3 年的浸潤中，也就會有驚人的成果產生。我們在不少桃園的雙語國小（如：義興、快樂、大坑等）發現從一年級開始進行 1/3 的全英語的藝能課程，在 3–4 年級的時候，孩子不但可以完全聽得懂老師的英文上課，也能灑脫地跟外籍老師用英文回答或聊天。這就是「環境」與「長期曝光」的兩大關鍵。

🌸 教學法的歧異：EMI 或 CLIL

此外，台灣不少學校採用歐盟所大力推動的 CLIL 教學，但是不少英美及台灣學者對於 CLIL 的教學提出了一些待克服的困難！

現今台灣雙語教育的教學模式大抵分成 CLIL（Content and Language Integrated Learning 內容與語言融合教學）與 EMI（English as a Medium of Instruction 以英語為教學語言）。台灣不少縣市使用 CLIL，這種教學方式增

加學生、老師、甚至家長負擔：一方面要學如何打籃球、一方面又要教籃球單字。一次教個一、二十個籃球術語，小學生如何應付呢？很多縣市家長很擔心，不僅沒有增加孩子學習英語的樂趣，連體育課也不想上，學校附近的雙語補習班應運而生，這真是雙語教育的悲劇。

使用英語，不是教英語

*用孩子聽得懂的話＋肢體動作

我一直強調以英語授課，而非教英語，要用孩子懂的語言來教學，如國小 120 個單字，國中不要超過 1200 單字，其他用肢體語言做動作來表達，這樣從動作中就會知道老師在說什麼了！這就是 EMI 的教學方式：並不在「教」英文，而是透過動作，讓孩子漸漸了解老師說的意思，如：sit down（坐下）、line up（排排隊）、two in a group（兩人一組），透過老師引導，學生慢慢接受這些指示及說明，pass the ball，不用先告訴孩子 pass 是傳，ball 是球，dribble the ball，也不用告訴他 dribble 是運球、盤球，做給他看，他就知道了。聽了幾十遍 dribble the ball，就知道 dribble the ball

就該如何做了。這就是 EMI 透過「使用語言、學會語言。」

怎麼辦？碰到中英文夾雜的雙語課程或教一堆單字的美術課

然而，如果你的學校使用 CLIL 方式，教導一堆單字，甚至有些老師中英文夾雜說（所謂晶晶體），那該如何呢？有些國小雙語課程，先由英文老師上場教了 1-20 個英文單字（如：美術的 figure painting、character sketch、graffiti、aesthetic perception、alignment），叫學生一起念；然後美術老師上場，就中英文夾雜，號稱 50% 用英語授課，這樣的上課完全歪曲雙語教育意涵。雙語不是「中英文夾雜說」，也不是「一半上英文單字、一半用中文講解或翻譯」，而是學校 1/3 課程全部用簡單易懂的英文、配合肢體動作及視覺工具，讓學生了解該學科（如體育、美術課）該學到的能力，另外 2/3 課程（如社會、自然等考試科目）用中文上課。

 **小常識** **EMI** 和 **CLIL** 教學模式有什麼不同？

	EMI （以英語為教學語言）	CLIL （內容與語言融合教學）
學習重點	學科	學科＋語言
授課方式	透過動作，讓孩子漸漸了解老師說的意思	將英語學習如單字、句型整合在學科學習中
評量重點	學科	學科＋語言
科目	技能課	技能課
案例說明	課程全部用簡單易懂的英文、配合肢體動作及視覺工具，讓學生了解該學科該學到的能力	先由英文老師上場教了1-20個英文單字，叫學生一起念；然後美術老師上場，就中英文夾雜！
教育理念	以英文教學科	以學科教「英文」

Chapter

4

台灣雙語教育
成功的關鍵在哪裡？

　　台灣雙語教育是否能夠成功，在於教育政策與教育制度的調整！如果跟隨世界各國，我們選擇了雙語教育（中文及英文），那教育政策也應該適度調整，如歐盟或東南亞國家作法：訂定雙語課綱、調整教學模式、增加教育資源與經費、培養雙語師資、強化國際連結、引進適當的評量機制。

　　除了增加教育經費與資源外，我個人認為 EMI 的教學法及 1/3 的全英語授課方式，才可能打造台灣的雙語教育。雙語學校中，不管是本國老師或外國老師，好好使用「簡單

英語」，讓孩子快樂且不知不覺學會英文！

控制語言：
使用學生會的語言，增加學習成就感

　　希望所有雙語學校都能使用 EMI（也就是用簡單英文、孩子聽得懂的英文）加上一些教學輔助與做中學的教學模式，透過肢體語言，讓孩子能夠體會語言的含意，畢竟雙語是希望孩子在學校能夠使用兩種語言（國語與英語學習），之前提到的 CLIL 課程增加孩子負擔，在歐洲或其他以字母為主的國家或許行得通，但在台灣孩子對於字母、發音還在慢慢熟悉過程中，灌輸過多的英語內容，實在是沒有必要。

強化英語課：英語課以「溝通」為主的教學

＊以全英語授課，不要再一直教文法了！

　　我曾經在一所國立大學的英文系大一課程中，詢問學生：高中之前上課除了跟隨老師複誦外，有講過英文的請舉手？結果在 40 位同學中，大約只有 5 個同學舉手。

台灣的英文課很不可思議的是：90％以上都用中文上課！在一個外語課程中，學生永遠聽到的是自己的母語。若沒有機會運用課程中所學的外語，如何能使用該外語呢？美國南加大的語言教授 Stephen Krashen 就極力主張：學習外語必須要有具有**意義的輸入**，才會有**輸出**。沒有老師大量的語言輸入，學生如何使用英語呢？最近一項日本學習研究調查報告指出：**30%的輸入及 70%的輸出**，才是學習的關鍵。

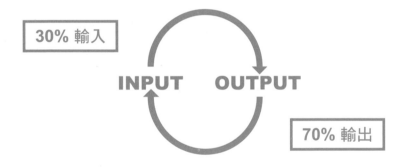

　　韓國從 20 年前推動英語教育改革，採用 Communicative Language Teaching 方式，要求國中在 1995 年、高中在 1996 年，國小在 2009 年，完成英語課全程以英語授課，這個計畫根據幾個原理：**沒有老師的輸入，就沒有學生的輸出；老**

師使用英語可以啟動教室的互動與學生的語言使用；語言老師必須使用大量有意義及真實的活動或任務，讓學生進行語言的使用；口語溝通技巧建立在有系統的教室溝通中。

從以上學者及韓國推動的理念上，我們台灣從國小到高中的英語課應該以全英語授課：不要再教一堆這輩子永遠用不到的文法！會考、學測已經都不考文法了！

其實，如果我們的英語課程能夠使用全英語授課，老師學生能夠自然使用英語在課堂上溝通，不管是閱讀能力、字彙使用、簡單生活對話，都能開口說英語，雙語課程就沒有那麼困難。所以，如果這是個雙語學校，先問問英語課是用英語上的？還是中文上的？不少國中或補習班老師可能會說，「我們要針對會考！」家長仔細看看會考或學測題目：都是理解、閱讀能力及聽力等能力評量，哪來的中文解釋或文法題呢？別被幾十年前的錯誤教學模式或補習班誤導了。

ㄨㄚ 重點整理

★英語課應該以全英語授課，不要再一直教文法了！

★ 30%的輸入及 70%的輸出，是學習的關鍵。

★ EMI 加上教學輔助與做中學的教學模式，透過肢體語言，讓孩子體會語言的含意。

★學習外語必須要有具有意義的輸入，才會有輸出。

★語言老師必須使用大量有意義及真實的活動或任務，讓學生進行語言使用。

Chapter

5

雙語授課的學校，從國小到大學，
孩子得到什麼？失去什麼？

雙語教育是菁英教育？
還是普及教育？

從 2020 年開始，各縣市都卯足勁在國小、國中階段
推動雙語教育；教育部也透過計畫，協助各縣市設立高
中雙語班，並以大學 EMI（English as a medium of
instruction）計畫，指定 4 所大學成為重點學校，補助 41
個專業學院及 37 一般學校及科技大學成立全英語授課計畫。

似乎從國小到大學、研究所，都籠罩在這個雙語教育的大傘下。然而，很多人質疑，這種雙語教育是否會加大城鄉差距？貧富差距？甚至於直指雙語教育本身就是一種針對菁英的人才教育。

雙語人才絕對具有就業與入學優勢

不可否認，具備雙語（中文與英文）溝通能力的人才，不管在就業或就學學，都有其優勢，且未來進入產官學界都可能是菁英人才！

然而，大家都誤會了。雙語國家政策的包容性與雙語教育設定的終極目標並非是菁英教育，反而是一種**全民教育**。過去，我們對於英語能力有種謬誤看法，總是認為「講英語」是中高階人士的符號，而不會說英語，本身就很難進入高階工作（如跨國或外商公司）。誠然，掌握雙語，搭配專業能力（如金融、科技、通信、會計等），有如高收入的象徵。然而，是否現在我們所推出的雙語政策也是為菁英人才服務？對於弱勢族群或學習弱勢者則非常不利？

對於英語能力的偏見──
英語是高階人士的表徵嗎？

　　這種看法來自高階知識份子長久以來對於外語（尤其是英語）的偏見！我們看台灣英語教育本身就是一種普及教育，從國小到大學，尤其是 12 年課綱中，可以看出「英語文」絕對是主科，也就是所有國民應該接受的語文教育（涵蓋中文及母語等）。

　　英語成為菁英的代名詞，來自於我們英語教育制度的漏洞與偏差──英語能力的高低取決於經濟能力，而非正統的學校教育。很多英語好的人都是透過體制外（如出國、英語補習、私人家教等），而非從學校體制內，取得較佳的入學與就業優勢。

　　學校的英語教育到底出了什麼問題？試問一個禮拜只有 2-3 個小時，且英語課都以中文教授文法及課文中譯，把英語課程當成學科知識（甚至語言學知識）在教，而非一種能力，時數不足，學習強度不足，教學方式偏差，學生如何具備英語溝通能力？不補習、不找母語人士練習口語與寫作、不出國遊學，如何具備英語真正的「使用能力」呢？

「使用英文」才是雙語教育的教育目標！

為了彌補英語課程體制內的僵化語言學習，我們推出「雙語教育」，將學校 1/3 課程以全英文上課（EMI），也就是將「生活、藝能、健體」等非考科課程，以全英語來上，並強迫英語老師在英語課中，全程使用「英文」上課，強化語言學習的密集度與實用性，針對現今英語課程不足與教學偏差，強調「語用」概念，期望所有在校學生都能夠不用補習，就把英語當成能力來學習，在教室內，與本國老師、外籍老師用英文溝通。

打破菁英概念，雙語教育是全民教育──實現教育正義！

雙語教育的推動，在於打破英語能力是菁英家庭擁有的優勢，讓所有孩子能夠透過「做中學」、「合作學習」，真正使用英文。我們不是要所有人未來都成為商務談判專家或跨國公司總裁，而是讓每個孩子、每個大人，在未來國際環境中，都能真正使用英文與外國人溝通，不管是你是在商務場合、銀行、夜市、便利商店，讓英文成為你能駕馭的語言

工具，這才是雙語教育的最終目標！

　　你的孩子，從國小到大學，如果能有機會使用兩種語言溝通，絕對是雙語教育的主要目標。不僅是經濟優勢的家庭，就連一般家庭或弱勢家庭孩子，透過公立教育體制，都能夠獲得未來國際競爭力中其中一項基本能力，這就是實現教育正義的最佳方式。

建立以溝通為主、使用為主的英語環境！

　　雙語國家政策或雙語教育政策，不是要每個人都成為英語教授、也不是每個人都要當上跨國金融公司的高階主管，而是改變台灣英語教育的僵化制度，讓英語成為生活中的使用語言。「每個人都會說一點英語」，讓台灣成為國際友善環境，當然更進一步，我們能夠培養出高階全球移動人才，進入跨國公司擔任高階主管，也是值得努力的目標。

　　雙語教育從「普及教育」出發，最後可能培育出台灣的國際菁英人才，不僅是經濟力好的家庭有資源，經濟弱勢的家庭也可能出現具備雙語的菁英人才！

　　透過雙語教育，我們打破英語教室僵化的文法考試教學，進入以「使用」與「溝通」為主的語言學習環境！

你的孩子得到什麼？失去什麼？

如果我們認為外語是競爭力的基礎的話，也是國際觀培養的一項有力工具，主要來自以下四個條件：（1）**透過外來文化來觀察本國文化的優缺點**；（2）可以**從本國文化了解外國文化的優缺點**；（3）可以**認識外國文化的生活型態及其運作方式**；（4）具備**多國文化的觀點**。也就是如果孩子會英文、日文或是其他語言，他們會有這四個利基，他們可以審視自己再觀察他國的觀點。那麼，這四個英語力所產生的效能與國家競爭力可有重疊？第一個是**國際觀的培養**，第二個是**教育與人才**以及**對政府效能與企業效能的提升**。當孩子有多元的觀點，思維方式就會有所不同。

然而不可否認地，雙語教育中，由於資源有限、時間有限，不少學科的教學可能隨之改變，很多人擔心教學的淺薄化、知識被稀釋化等。誠然這些憂懼來自於使用英文造成知識傳授的短淺與刪減。

可是讓我們想想，從國小開始，孩子可以開始運用雙語來溝通，到了國中、高中，尤其是大學，更可以以中文、英文來思考，來獲取更多的知識，這不是雙語教育最重要的指標嗎？

🏵 在雙語教育中，獲得的比失去的多很多！

在 21 世紀的網路時代，知識的傳遞是否仍如 19 世紀及 20 世紀那麼重要呢？在網路知識氾濫的時代裡，**判斷力、思考力及創造力**，可能才是你孩子面對未來所需要的能力。如何判斷網路知識的真假、如何洞悉 ChatGPT 所給的知識陷阱、如何從陳腐的觀念中，產生創意，這可能才是未來孩子所需要面對的問題。

我們之前提到多元語言的運用，有助於認知能力的強化、解決問題、思考判斷力及多元文化創意的培養，因此在雙語教育所失去的知識，並非我們對於孩子教育需要焦慮的地方，反而在雙語教育，你的孩子能夠培養更多能力、視野更廣、創意更深。

重點整理 雙語教育的得與失

得 ★ 1. 透過外來文化來觀察本國文化的優缺點

★ 2. 從本國文化了解外國文化的優缺點

★ 3. 認識外國文化的生活型態及其運作方式

★ 4. 具備多國文化的觀點

★ 5. 培養判斷力、思考力及創造力

失 ★ 1. 資源有限、時間有限

★ 2. 教學淺薄化

★ 3. 知識被稀釋化

結論 ★雙語教育讓孩子培養更多能力、視野更廣、創意更深。

Chapter

6

雙語教育會抹殺母語教育嗎？
孩子會出現自我認同問題嗎？

雙語教育影響母語教育？

在台灣，由於價值選擇（學習外語本身就是一種價值選擇，哪一個外語對我們比較實用？）及國際溝通趨勢（歐盟、東南亞聯盟都是以英文作為工作語言），我們採用「國語」與「英語」做為學校雙語教育的使用語言。然而，使用這兩種語言，並不會影響到孩子本身對於母語（如台語、客語、原住民語、新移民語言）的使用與認知。

母語的流失，並不在於國語與英語的作為課室語言，而是我們對於母語的使用環境與各個族群對於自己語言的重視程度，如果在自己族群中，不強調母語重要性，如何喚起孩子對自己文化與語言的認知？

　　我在家裡一直要我小孩能夠講台語、看台語連續劇、與家人講台語，即使在學校使用國語與英語，他還是能夠使用台語。誠如前面歐盟研究，孩子在早期階段可以學會三種語言。語言學習與環境及使用有關，與智力無關。

　　推動雙語教育不等於要把國人的母語文化連根拔起，更不是要求每個人都成為「英文母語人士」。但現在的雙語政策缺乏完整藍圖，教育部沒有讓學校、家長端了解政策初衷，才會產生亂象、誤解。有人就誤以為國中小全科都要用英文學、課本也要全英文，開始擔心母語、中文能力會被弱化。

　　雙語政策核心精神之一，是改變學生對英語的態度，讓學生知道英語不等於學科，更應該是一種生活工具。只要學生在日常生活敢說、敢講英文，雙語教育就成功一大半。一個國家不需要每個人都具備英文專業，只有少數從事國際外交或學術交流的人才需要「精通」英語，絕大多數人只要能在出國旅遊、國際貿易時溝通順利即可。母語和英語並不衝突，可同時並進。

🏵 國際視野的提升

另一個重要精神是**開拓國際視野、學習包容和尊重多元文化**。從國外推動語言政策的經驗，保留母語文化和雙語教育並不衝突、可以同時並進，例如歐盟實施多元語言政策多年，他們認為國家內部可以講母語，但在公開國際場合還是使用國際最常用的英語；英國推動三語政策，也希望國人在母語（英語）以外，多學一種歐洲重要語言、一種少數語言，體現對多元文化的包容和尊重。

不只歐盟，東南亞的新加坡、馬來西亞，以及從未被英語系國家殖民過的泰國，這幾年也都如火如荼地推動雙語政策，背後目的都是要培養國際雙語人才。雙語教育另一個重要精神是開闊國際視野、學習包容和尊重多元文化。保留母語文化和雙語教育並不衝突、可以同時並進。

推動雙語政策，更不代表我們的母語會因此消失。我走訪過多所偏鄉國中小學，不只都市，偏鄉家長反而更期待公立學校導入雙語教學，因為家裡無法提供這些資源，希望學校可以弭平差距。一名台東家長就曾跟我說：希望孩子在學校多講英文，有機會走出去看世界，母語不用學校特別教，在家裡聊天就能生根。在日常生活，大家還是會繼續用母語

交流，如果有人批評下一代的國文能力變差，不該是雙語教育揹這個鍋，更應該思考國文教育是否出了問題，也不能忽略 3C 產品、智慧科技與社交媒體對國語文的「負面影響」！

雙語教育讓孩子更重視自己的母語

反而，孩子使用兩個語言，回過頭來，才會重視自己母語，反思自己文化優點，這種跨文化（inter-cultural 或 cross-cultural）的學習經驗，對於強化自己的主體性及文化認同，更有幫助。我孩子在國中階段，就參加台語演講比賽，對於比較國外及台灣文化更有深層認識：為何每國國家飲食與生活習慣不同？為何有些國家對於男女性別認知不同？

自我認同來自何處？

根據國外的研究，我們對於自我認同其實來自與多元方式，從政治、價值、社會互動、宗教信仰、工作、家庭關係、族群意識、職業、興趣、外表、語言等所構成，語言僅是代表構成自我的一個表徵而已。我認識不少英語非常好的國人（外交官、教授、各行業專家等），其英語能力不輸母語人士，

但是他們還是認同自己是台灣人或中國人，從來也不可能認為自己是美國人（或英國人）。

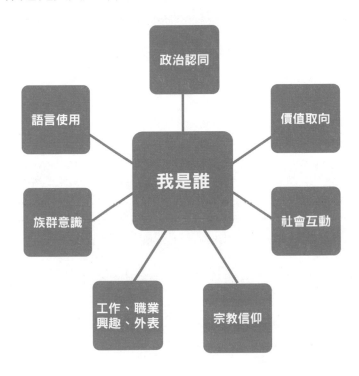

🏵 父母態度及家庭互動：母語及認同的關鍵

　　我們孩子的自我認同，很多是來自父母及家庭的互動，試問在台灣從小在雙語幼稚園或全英語幼稚園學習的孩子，哪一個人會認為自己是外國人？我孩子小學在美國舊金山一

家有名的國小就讀，他一回家就告訴我，「全班只有他是台灣人！」他從來沒有因為語言的使用而產生自我認同問題，也沒有因此減弱他學習台灣話的動機！問題在於父母態度及家庭互動，這才是母語及認同的關鍵所在！

重點整理

★推動雙語教育不等於要把國人的母語文化連根拔起，更不是要求每個人都成為英文母語人士。

★保留母語文化和雙語教育並不衝突、可以同時並進。

★ 父母態度及家庭互動，才是母語及認同的關鍵所在。

★跨文化的學習經驗，對於強化自己的主體性及文化認同，更有幫助。

Part 2

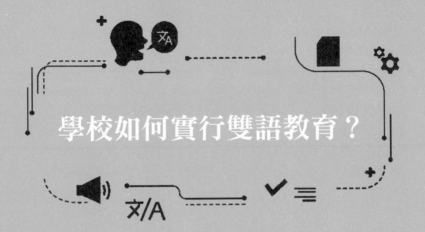

學校如何實行雙語教育？

Chapter

7

孩子進入雙語國小，
如何幫助孩子適應？

　　為了達到 2030 年的雙語教育政策，也為了滿足家長對於孩子英語能力的焦慮，從中央到地方政府，極力推動雙語教育，尤其是從國小開始。從國小開始推動雙語教育，其實也是 21 世紀全球教育的趨勢，主要是孩子對於學習多種語言比較不會吃力。我們一直認為孩子是學習語言的天才，不必費力，也不必強加一些壓力，孩子沉浸在雙語環境中，自然就學會語言。母語如此，外語也是如此。

　　過去我們家長學習英語，最大的困難是背很多單字、學

音標、熟讀文法規則，很多人背下來了，卻不會說英文，也有很多人，因為自己背不下來這麼多規則，中途也就放棄了。

　　當你的孩子進入雙語學校，學校使用中文、英文來教授不同學科，你是否擔心孩子聽不懂，思考如何幫助他呢？

了解學校雙語操作的原則

　　首先，父母需要了解雙語教育的幾個學校基本操作原則：

1. **雙語課≠英語課**：在雙語課程中，老師大都使用英文來教授藝能課程，例如體育課雙語教學，不是要教體育英文專有名詞，也不強迫全英語授課，而是用簡易英文，如 pass the ball、jump、run 等句子或單字，讓學生在英語互動中，開始敢說英語。

2. **推雙語≠所有科目都用英文上課**：雙語政策在不同學齡階段有各自的實施方式，國中、國小會從藝能科開始導入、英文科朝全英文教學發展；高中則會聚焦培養重點雙語班級，不會要求全校都轉型成雙語學校，更不會貿然在普通班主科融入英語上課。

3. **雙語課程以技能（skills）為主**：主要以該學科之技能發展為主，如美術的水彩、顏色；體育課的球類運動能力等，所以即使英文剛開始聽不懂，也不影響其上課，老師會以做中學、搭鷹架（示範與合作學習）、肢體語言、影像輔助來幫助學生學會該技巧。

4. **雙語課程不考英文**：雙語教育中，以全英語授課的生活藝能課程，僅評量學生在該學科的能力，不會考英文，即使英文不好，也可以在體育課拿到滿分。

5. **時間證明一切**：透過沉浸的全英語授課需要時間，家長不用擔心孩子跟不上或聽不懂，給老師、孩子時間，這個時間依照研究，在母語國家需要一年左右，孩子就可以跟上；而在台灣（英語非母語），可能需要 2-3 年期間，孩子才能漸漸聽得懂，也敢說英文，不要給孩子壓力，這是需要長時間的一種教育模式，**不要急著送孩子去補習班**。

6. **外師的導入**：很多雙語學校都會引進外籍母語教師，依照過去的經驗，愈小的孩子與外師的相處及溝通，越發容易；年紀越大，反而有心理障礙。所以，國小如果能在小一時期導入外師教學，孩子越能夠透過與母語人士的接觸，獲得有意義的輸入，久而久之，就會有驚人的口語能力出現。

以上這幾點，大致是很多雙語學校運作的方式，家長不用特別焦慮，也不用擔心孩子在學校的表現。

強化孩子接受雙語教育的心理建設： 跟孩子一起學！

此外，我們也可以協助孩子進行幾項心理建設，告訴自己及孩子在全英語授課的課程中，可以這樣做：

1. **動手做**：跟著老師動手做，從生活、技能學習中，知道老師在說什麼。

2. **複誦**：鼓勵孩子跟著老師的英文複誦來做動作，這樣也就知道動作與語言間的關係。

3. **查看孩子的聯絡簿**：很多雙語學校也會使用雙語聯絡簿或提醒家長需要注意的事項，有時本國老師或外籍老師，會把今天上課的一些內容要求學生用英文寫下來，若父母親看到，也可以關心一下孩子。

4. **跟孩子一起學**：如果你的英文不好，也沒關係。有空的時候，可以問問孩子今天籃球課上了什麼，請他說明一下，有些動作，可以說英文，父母親也可以跟著孩子一起來學

習，增加孩子的學習熱忱與動機。以前，我要我孩子學台語的時候，常常要兒子看完台語連續劇或跟奶奶說話，然後讓他告訴我今天說了哪些台語、劇情如何？父子一起練習，增加親子間的關係，也增加孩子的信心。如果忘了，也可以跟孩子一起上網，查查看運球（dribbling the ball）這個動作的英文怎麼說？

雙語課程更有趣！

孩子的學習是需要鼓勵與關懷的，在雙語教育中，某些孩子在語言上比較保守，不太願意開口，很容易遭受挫折。父母親只要耐心告訴孩子，在體育課、美術課、藝能課，知道做什麼就好，英文不是那麼重要，跟著老師、同學做，認識生活環境，增進生活能力與其他技能。學習語言是額外的，不是強制的，漸漸降低孩子的語言壓力，相信你的孩子都能在雙語學校好好的學習。

過去幾年來，我在不少國小、國中觀課，並與孩子相處，有時竟然發現，平常不喜歡上課的孩子、上課有時不專心的孩子，在全英語授課下（或外籍老師教導下），反而熱衷參與，非常積極的學習。研究發現，由於語言的不易溝通，反

而讓老師運用更多的學習活動、更多有趣的內容，來吸引學生的參與，提升了學習效果與激發孩子學習的動機！

　　音樂課中，老師教授節奏的概念，利用教室各種工具：掃把、板擦、小木棍等，介紹節拍，然後教導簡單的音樂創作（以示範方式來做），這時候，學生一起動手做，進行分組比賽，音樂課更是熱鬧，學生反覆的數著 one, two, three, stop, one, two, three, stop... 不但有音樂也帶著英文，在小一的課堂，一下子數字及某些單字就進入孩子的腦子裡了。雙語課程更加好玩了。

小提醒　**父母如何幫助孩子面對雙語教育？**

動手做　　複誦

查看
聯絡簿　　跟孩子
一起學

Chapter 8

在國中、高中實施雙語教育好嗎？
如何應付學科考試？

　　進入國中、高中後，雙語教育進入不同的領域，即使學校的教學法一樣，但是牽涉不同學科仍有不同的作法，現今的國中與高中作法不同：

國中的雙語教育

　　國中的雙語教育打底仍延續國小的作法，以生活、藝能、健體課程為主，再加上一些科技課程，排除其他在會考的學

科。每週仍以 1/3 課程為原則，由外師與中師協同教學，以桃園的青埔國中為例，其教學目標如下：

1. 以學校願景「健康品格、國際視野」為立基，營造雙語學習情境，強化英語溝通的互動性，發展學生自主學習的習慣。
2. 持續融入推動之國際教育，提供體驗學習機會，培育學生國際觀，形塑世界公民與世界接軌。
3. 配合 108 新課綱，規劃多元學習活動，提升學生學習興趣並激發其創造力。

其推動的一些方案及作法如下：

1. 七、八年級分別於家政、表藝、音樂課程與外師進行協同雙語教學；體育、美術課程由中師進行雙語教學；九年級則以活動實施為輔。
2. 外師配合協同教學，執行英語會話課程及朝會日常英語對話練習。
3. 午間英語廣播及自習課安排英語雜誌閱讀及聽力，增進學生英語聽說讀寫能力。

4. 定期與西班牙學校進行視訊互動交流，以英語溝通，增進學生英語能力。
5. 配合節慶進行主題式跨領域教學活動，充實教學內容及提升學學習動機。
6. 雙語 FB 專頁與雲端教室：各項教學活動與雙語學習新知上傳 FB，也剪輯課堂影片上傳至雲端，提供學生課後複習，與家長共享。
7. 結合本校定期舉辦國際交流活動，在行前課程及雙方互訪、觀課過程，均以英語為主要溝通語言，增加學生實務運用機會。
8. 寒暑假結合外師及鄰近大專院校，辦理英語會話及異國文化體驗營隊，拓展學生多元學習機會。
9. 學校重大活動（如校慶）安排雙語司儀。
10. 佈置雙語櫥窗與雙語化校園，提供學生多元境教。

該校的雙語課程規劃地圖如下頁圖：

學校願景	青埔雙語・航向未來
核心理念	團隊合作・尊重多元・科技應用・批判思考・問題解決
關鍵能力	語言力＋知識力＋文化力＋科技力

- 新生訓練雙語課程宣導
- 新生家長說明會
- 班級學習成效聯絡簿通知
- 學生課程回饋表

學校、家長、學生理念溝通
建立目標共識

教師團隊建立教學共識

- 中師專長增能共備研習
- 外師中師教學共備會議
- EMI 雙語教學增能研習
- 中師外師協同教學增能研習
- 雙語教育成功案例觀摩參訪
- 青埔國中雙語行政教學會議

沉浸式語言學習

英語語言技能	英語語言能力實境應用
EMI 英語教學模組	能力整合・多元評量	邁向國際・發揚本土
學科知識能力技能	學科素養表現應用

家政	體育	音樂	表藝	美術

108 課綱學習內容（在地核心素養）＋ 國際多元理解（國際公民素養）

形成性評量
- 課堂學習互動
- 課堂學習任務

總結性評量
- 實作評量
- 學習單
- 報告演示

　　依照以上藍圖，該校也強化其英語課程，尤其是溝通能力的實用性，學生大量閱讀及參與國際教育如 SDGs（聯合國永續經營目標）。

　　這些課程，從強化英語能力到使用英語能力來上生活、藝能、健體、童軍等課程，在實施兩年後，八年級的學生能力，已能夠與外籍老師聊天、溝通了。

非 1/3 課程的雙語教育，反而造成更大的學習壓力

我要強調，學生一天接觸使用英文的機會或課程，大約2–3 小時，也就是在這種強度、長期的國際學習環境中，學生語言能力得以增加，但也不影響一些藝能課程所帶來的學習能力與樂趣。大量的外師、本國老師、英文老師的協同與配合，桃園市的青埔國中可說是台灣雙語國中的典範。家長也可以依照這些作法，幫孩子挑選合適的雙語國中。也只有力行 1/3 全英語授課的學校，才是真正的雙語國中，家長不用擔心孩子跟不上，只要時間夠長，孩子學習的能力，超乎我們的想像。

可惜的是，現在有些地區號稱雙語的國中，只是象徵性的一、兩門課程，且強調語言學習，而非藝能學科的素養能力，這樣只是增加孩子的學習壓力，並不樂見。做半套或蜻蜓點水式的雙語教育，反而造成學習落差及學生更大的挫折感。期望中央及地方政府，真正用心，訂好政策，要做就要給足資源，而非喊喊口號！

提醒家長幾點注意事項

1. **孩子聽不懂，不用緊張**：在旁鼓勵，事先把一些課程的中文課本先看一下，協助孩子了解課程上些什麼，如音樂課，課程是介紹世界各國的音樂節，那透過中文課本的介紹，到時候在教室裡面，老師用英文介紹也大致知道內容。

2. **購買或到圖書館借閱有關該學科的一些圖片及影片的音樂、繪畫、體育等書籍，跟孩子一起看**：單字不懂或整體的意思不懂沒有關係，只要找到幾個關鍵字，讓孩子自己透過自然發音或上網 google，如何念、如何發音即可。學會這些單字很好，沒有學會，只是聽聽聲音，看看圖片或影片也很好。如體育課的足球，可以看看世足賽的一些轉播或在 Youtube 看一些國外球員教盤球（dribble）、射球（shoot）、踢球（kick）、頂球（head the ball）的作法及說法即可。

3. **給予時間，不是給壓力**：透過這種 EMI（全英語授課）方式，需要時間，大約 2–3 年，不用一直擔心孩子跟不上，慢慢就能夠聽得懂。各位父母親，可以看看很多國中生跟著父母到美國移民，剛開始，根本無法跟上任何課程，但是在美國的學校中，另行開設英語課程，然後跟著同學一

起上課，幾乎沒有人趕不上的，而且 2–3 年後，甚至成為該校的優等生，從來沒有聽說退學或念不下去的。把孩子放在這種雙語環境中，孩子接受不同語言的刺激，反而其生存、思考及應付事情的能力會增強。

4. **尋找支援系統**：如果真的擔心孩子英語能力不行，也不要送一般的英語補習班，那些很多都是傳統教法，應付考試，對語言能力沒有幫助。可以試圖請家教或是幫他報名一些線上口語練習的課程，也可以組織家長及孩子的共學團體，對於其上雙語課程才有所助益。有關補習班如何挑選或要不要上補習班？會在後面章節說明。

5. **孩子一定要學會的能力——自然發音**：在全英語授課的環境下，我們強調聽講，不強調讀寫，因此孩子聽到英文指令或說明，或看到一個字（如音樂課的 rhythm），就要透過自然發音（phonics）的方式，自己念得出來，也聽得懂這個字的發音。所以當你的孩子進入雙語國中，自然發音絕對是他們一定要掌握的能力。如果小學沒學好，可以上網（如均一教育平台）或上 Youtube，或請家教，好好練好自然發音的基本能力，才能在強調口語溝通的雙語課程中，慢慢跟上同學進度。

高中的雙語教育

現今的高中雙語教育，以設置雙語實驗班為主，教育部在 111 學年度通過全台共有 50 所的高中設置雙語班，也都配置外師，參與教學。有關高中的雙語班，其教育目標如下（各校大同小異）：

1. 透過雙語教育、高中部設置雙語實驗班，並連結鄰近國中、國小端資源，漸進式推動、落實三級雙語教育扎根，讓學生在生活中掌握雙語，進而提升跨語言與跨文化素養，與國際連結、移地學習、國際教育旅行課程，培養全球移動力所需的能力，成為迎向未來世界的人才。

2. 以 EMI 為主軸、以學習者為中心，做中學、分組學習及差異化教學等理念，以國際教育為支柱，以大學國際及英語授課相關科系為目標，建立本校市立高中的特色，以英語及國際教育作為吸引優質在地國中生學生就讀。納入大學 AP 課程（英語授課），提供高中多元選修課程，結合英語與專業，積極培養在地的國際化人才。

3. 進行高中課程改革，引進國際化與雙語教育思維，成為在地國際化的雙語中學典範。培養學生的批判性思考與解決

問題的策略思維，串聯口語表達能力及社會議題關懷之視野，以期提升學生的公民素養，成為具有人文胸懷之未來公民。

4. 連結大專院校，提供學生未來大學升學管道，以接軌國內外大學全英語授課之趨勢，拓展國際視野，自然而然習得雙語能力與人文學科與專業知識，成為與國際接軌的雙語人才。

🌸 以高雄的仁武高中雙語班為例

1. 課程規劃分為三大類：一為語言基礎及進階課程、二為國際教育與文化課程、三為 EMI 課程（生活、藝能、體育、科技等非大學考試學科）。

2. 與大學未來科系招生接軌：仁武高中接近工業區，因此其雙語班未來與大學理工科系結合，進行大學先修課程（以全英文上課），對於學生參加頂尖大學的理工科系，很有助益，也可以納入其學習歷程檔案。

有關其教育目標及規劃，依照其提出的雙語班實驗計劃，可以整理如下：

1. 雙語課程：

雙語教學之課程	高一英語國際專班	高二英語國際專班	高三英語國際專班
上學期	體育 1 節、美術 1 節、高一多元選修 2 節、充實／補強教學 1 節	體育 1 節、高二多元選修 2 節、充實／補強教學 1 節	體育 1 節、藝術生活 1 節
下學期	體育 1 節、美術 1 節、生活科技 2 節、高一多元選修 2 節、充實／補強教學 1 節	體育 1 節、高二多元選修 2 節、充實／補強教學 1 節	體育 1 節、藝術生活 1 節

2. 多元選修時段規劃專業課程：高一、高二多元選修，共 4 學期，每週 2 節規劃英文專業課程，由外籍師資開設及規劃英文專業課程，採全英授課，提供專班學生選修，包括「Culture Exploration」、「Storytelling」等英文專業課程。

3. 彈性學習時間規劃增廣課程（全英授課）：高一、高二充實／補強性教學，共 4 學期，每週 1 節，由外籍師資開設及規劃英文增廣課程「Spotlight plus reading」，採全英授

課，增進學生英文閱讀能力

4. **與大學端合作規劃週六主題課程**：結合鄰近大專院校（如國立高雄大學等）外語學習師資，於高一上、高一下、高二上，共 3 學期，每學期規劃 4–5 次週六專業主題課程，包括：「台灣景點與節慶」、「英文自我介紹」、「英文會話」、「旅遊英文」、「商用英文」、「新聞英文」、「英文簡報技巧」、「美國城市介紹」、「國際禮儀」、「國際企業與貿易」、「氣候變遷策略模擬與永續發展」等課程，開拓學生國際視野之廣度與深度。

5. **週六語言檢定課程**：結合外語學習師資，於高一上、高一下、高二上，共 3 學期，每學期規劃約 5 次（半天課程，每次 4 小時），開設語言檢定課程（如全民英檢、多益等），提供專班學生語言檢定學習。

6. **全校團體活動時間**：規劃英語日、國際教育講座，以及外貿協會相關企業、各國駐台辦事處見習與參訪等。

7. **建立國際連結**：辦理高一新生暑期英語營隊、偏鄉英語學習服務及國內外異地學習活動，並與國外學校締結姊妹校，以利進行文化交流與學習。另預定於高二升高三辦理「海外交流／交換生計畫」，規劃雙語專班學生至英語系國家進行國際教育旅行，或與國外合作學 校進行文化交流

或移地學習，所需團費由專案申請補助，必要時由學生自付部分團費。

高中雙語班的優勢

以上七大作法，建立該校成為仁武地區指標性學校，其雙語課程也涵蓋至國中部，建議家長可以參考教育部所核准設立之高中雙語班（見教育部網頁），可以適當考量讓自己孩子報名參加雙語班，其優勢有三：

1. 在高中時期，強化英語能力，達到 CEFR B1-B2，對於學生未來申請頂尖大學及優秀大學科系，絕對有很大助益。
2. 透過更多的國際視野課程，強化學生的多元思維能力。
3. 有機會至大學進行先修課程，對於未來選擇科系也有較深入的認識。

小提醒

★孩子聽不懂，不用緊張

★準備圖片、影片、書籍，和孩子一起看

★給予時間，而非壓力

★尋找支援系統

★一定要學會的能力：自然發音

★選擇發展健全的雙語國中或高中雙語實驗班

Chapter

高中雙語課可以幫助孩子
進頂尖大學嗎？

誠如高雄仁武高中雙語班的介紹，學生可以達到以下能力與學習機會：

1. 專班學生高中三年畢業需達 CEFR B1-B2 或同等級之英語能力目標，依語言檢定通過門檻三年內擇優給予獎學金。
2. 參與對外競賽（如：英語文競賽、英文作文比賽、全國英語單字比賽等）。
3. 參與學區國中小及偏鄉英語學習服務。

4. 參與國際交流與接待外籍學生服務（如：ASEP、日本長野高校接待等）。

5. 參與國際教育旅行及外貿協會相關企業、各國駐台辦事處參訪等。

6. 辦理學生學習成果發表會。

7. 能自行規劃提升國際教育相關學習為目標之自主學習計畫。

8. 每學年度上傳少一件與國際教育相關之多元表現或課程學習成果至學習歷程檔案。

未來選擇科系，更有競爭優勢

教育部於 110 學年度開始，也在各大學推動 EMI 計畫，4 所頂尖大學被列入 EMI 重點學校，其他不少優秀學院也都納入 EMI 計畫之中，其中以商學、管理、高科技產業、高階服務業為主的科系，未來從大二開始都會進行全英語授課。為了因應學生未來上課的能力，很多進入 EMI 計畫的大學及學院，都會在入學考試的會談中，增加英語口試。此外，通過英檢，達到 CEFR B1 以上的學生，也都比其他學生更有機會被錄取，畢竟未來課程需要學生上課學術的英語能力。

在自己的學習歷程檔案，列入自己的英語能力、大學全英語授課先修課程、國際交流經驗、服務學習課程等，對於大學甄選入學，應該有很大的加分作用。

有關現今台灣各大學的 EMI 重點大學及重點學院如下，對於未來想要成為國際人才的高中生來說，可以列來優先選擇。家長在協助學生規劃未來職涯，也可以將大學 EMI 計畫納入優先考量。

教育部 110 年
「大專校院學生雙語化學習計畫」核定名單

一、重點培育學校（共 4 校，按照筆畫順序排序）

序號	學校名稱
1	國立中山大學
2	國立成功大學
3	國立臺灣大學
4	國立臺灣師範大學

二、（一）重點培育學院（共 25 校、41 個學院）

序號	學校名稱	學院名稱
1	國立中央大學	工學院 資訊電機學院 管理學院
2	國立政治大學	社會科學學院 商學院 創新國際學院

3	國立清華大學	工學院
		科技管理學院
		電機資訊學院
4	國立臺灣科技大學	工程學院
		電資學院
		管理學院
5	國立中正大學	工學院
		教育學院
6	國立中興大學	工學院
		生命科學院
7	國立東華大學	理工學院
		管理學院
8	國立陽明交通大學	生物醫學工程學院
		資訊學院
9	國立臺北科技大學	工程學院
		管理學院
10	文藻外語大學	文教創意產業學院 （現更名為新媒體暨管理學院）
		英語暨國際學院 （現更名為國際文教暨涉外事務學院）
11	義守大學	國際學院
		醫學院
12	輔仁大學	管理學院
		織品服裝學院
13	國立雲林科技大學	管理學院
14	國立臺北大學	商學院
15	中國醫藥大學	醫學院
16	元智大學	管理學院
17	亞洲大學	管理學院
18	東吳大學	商學院
19	東海大學	管理學院
20	高雄醫學大學	醫學院
21	淡江大學	國際事務學院
22	逢甲大學	國際科技與管理學院
23	銘傳大學	國際學院
24	靜宜大學	國際學院
25	臺北醫學大學	藥學院

註：依照獲補助學院數、公私立學校順序排列。

（二）重點培育學院（按領域別）

領域	核定學院數	學校名稱	學院名稱
人文及藝術	2	文藻外語大學	英語暨國際學院
		輔仁大學	織品服裝學院
工程及應用科學	11	國立中央大學	工學院
			資訊電機學院
		國立中正大學	工學院
		國立中興大學	工學院
		國立東華大學	理工學院
		國立清華大學	工學院
			電機資訊學院
		國立陽明交通大學	資訊學院
		國立臺北科技大學	工程學院
		國立臺灣科技大學	工程學院
			電資學院
生物及醫農科學	6	中國醫藥大學	醫學院
		高雄醫學大學	醫學院
		國立中興大學	生命科學院
		國立陽明交通大學	生物醫學工程學院
		義守大學	醫學院
		臺北醫學大學	藥學院
社會科學（含商管）	22	元智大學	管理學院
		文藻外語大學	文教創意產業學院
		亞洲大學	管理學院
		東吳大學	商學院
		東海大學	管理學院
		國立中央大學	管理學院
		國立中正大學	教育學院
		國立東華大學	管理學院
		國立政治大學	社會科學學院
			商學院
			創新國際學院（認證型）
		國立清華大學	科技管理學院
		國立雲林科技大學	管理學院

國立臺北大學	商學院
國立臺北科技大學	管理學院
國立臺灣科技大學	管理學院
淡江大學	國際事務學院
逢甲大學	國際科技與管理學院
義守大學	國際學院
輔仁大學	管理學院
銘傳大學	國際學院 (認證型)
靜宜大學	國際學院

三、普及提升學校 (共 37 校)

序號	學校名稱
1	大同大學
2	大葉大學
3	中山醫學大學
4	中信金融管理學院
5	中原大學
6	中國文化大學
7	中華大學
8	明新科技大學
9	長庚大學
10	長庚科技大學
11	南華大學
12	南臺科技大學
13	致理科技大學
14	國立宜蘭大學
15	國立虎尾科技大學
16	國立屏東大學
17	國立屏東科技大學
18	國立高雄大學
19	國立高雄科技大學
20	國立高雄師範大學
21	國立高雄餐旅大學
22	國立勤益科技大學

註：依照學校筆劃順序排列。

重點整理

★許多大學入學考試的會談中，會增加英語口試。

★達到 CEFR B1 以上的學生，比其他學生更有機會被錄取。

★學習歷程檔案中，列入自己的英語能力、大學全英語授課先修課程、國際交流經驗、服務學習課程等，有助於大學甄選入學。

Chapter

10

走入雙語教室，
看看孩子的學習與喜悅！

我們對於孩子進入雙語課室，充滿興奮與焦慮，其實在雙語教室裡面，不管是國小或大學，很多學生都能夠體驗不一樣的國際學習環境。尤其時國小階段，孩子從白紙一張，進入雙語校園，與不同國籍老師接觸，接觸不同文化與學習模式，更增加其學習樂趣。

國小體育課為例

體育課中，老師首先放一段有關熱身的影片，學生從

one, two, three, four, five, arm circle, neck circle, bend the knees, jump 等動作中，跟著老師做、跟著老師複誦各項指令，學生均能跟上。

其次，這堂課教導排球的發球 serve the ball、托球 push the ball 等技巧為主，老師使用鷹架概念（scaffolding），從老師示範、老師與學生一起做、學生分組做、學生上台做等四大步驟，配合老師一個口令一個動作（baby-step），如嬰兒般的教學，老師在分組練習時，更能隨時走動，糾正學生的動作，增加師生的互動，每個學生（不管是學習快或學習較緩慢的），聽英文、做動作、複誦老師的指令，自然而然、不知不覺中，學會打排球，也學會打排球所聽到的指令。

國中童軍課為例（注1）

這個童軍課，是教學生如何打包露營用的背包。老師準備了背包裡所有的東西，例如備用衣服、禦寒衣物、帳篷、睡袋、鍋物、糧食、雨衣褲、頭燈、午餐、急救包、水等物品。

老師以 PPT，秀出一個背包的空間，可依照位置分成A、B、C、D（上、中上、中下、下）4-5 個部分，並且一個部分、一個部分跟學生說明，背包每個空間位置擺放的東西原則，

然後讓學生先動手將物品分類，放在教室地板上。

例如老師說「A is for tent」，並且秀出帳篷的圖片，學生就將帳篷放在 A 區的地板上；接下來老師說 B 是放比較重的物品「heavy things」（老師肢體動作表示重）、比較需要隨時拿出的物品時「things I need any minute」（老師肢體動作示範翻箱倒櫃的樣子），學生再把符合這些原則的物品，歸類在 B 區。

老師全程使用英文、搭配圖片和肢體動作，讓學生了解怎麼打包，完成童軍課應有的能力；而英文是在課堂中，藉由讓學生「聽得懂」的方式、不斷地「使用」中，真正地把這些學過的、未學過的英文，不知不覺地烙進自己的腦中。

雙語課程中，最重要的教學策略是鷹架概念（scaffolding）（注2）

*什麼是鷹架？

鷹架則是一種從建築工程而來的隱喻，代表的是一種為了蓋房子而使用的暫時架設的工程。鷹架在教學上主要是說，學一樣新的概念時，老師要提供怎麼樣的方式，來讓學生或

初學者能夠「通過」這個近側發展區間，讓學生達到學會的目的、做到原本自己單獨做不到的任務。

責任逐步釋放模式

責任逐步釋放模式（Gradual release of responsibility），打個比喻就像蓋房子一樣，先搭好鷹架，才有辦法蓋房子；而當房子逐步完成時，鷹架也會一點一點漸漸撤除，最後房子能夠在沒有鷹架的情況下屹立不搖。在教學上指的則是，

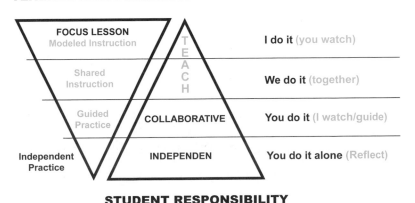

老師在一開始幫學生量身搭建鷹架一般的支持，然後漸漸地移除所有的支持，學生最終能夠獨立完成任務、學會技能等。老師的責任也在這個學習過程中，從一開始責任較大的情況（要先架鷹架），隨著鷹架的步驟，漸漸下放到學生身上，讓學生能夠最終在沒有任何幫助下就能自己做到，達成「能力」的真義。

＊這個模式有四個步驟：

> I do it：老師說明、示範。
>
> We do it：老師和學生一起示範。
>
> You do it：學生分組進行。
>
> You do it alone：學生獨立完成。

以這種方式的教學，學生參與活動，並與教師互動，比傳統的講授方式更能引起學生的興趣。

這種方式，我也在大學的課程中帶入，教授創意產業的行銷：首先利用幾張英文的 PPT 解釋 Marketing for Creative Industries is about values! What are values? 然後提出幾個例子如手機、名牌包等，哪些是價格高些、品質好些、品味及

文化水準高檔（這些都跟價值有關）。我設計一個遊戲及表格，讓學生分組討論這些產品的價值為何？

Products	Values	Prices	Why
iPhone			
Gucci			
Starbucks			
Nike			

透過這些活動，我指出這些品牌，並非在賣產品，而是在「行銷」一種體驗、幸福的價值，這才開始解釋這些品牌如何進行 Marketing，提出了創意產業不是在賣產品（selling the products），而是在創造價值（creating values）及體驗消費（experiential consumption）的概念。 簡單的活動及動手做，用學生聽得懂的英文，來解釋複雜的創意產業行銷，接著就給學生任務，要他們設計一些產品的行銷手法，如拍攝 Youtube 短片、想一個簡單的行銷口號（如 Nike 的 Just Do It）等，為何成功？為何失敗？

讓孩子愛上的全英語體驗

以上透過雙語課程操作的幾個理念與原則，孩子是喜歡上全英語授課的，這是完全不一樣的體驗：

1. 以學科素養為主：培養學生該學科能力及口說英文的能力。
2. 做中學：設計有趣的活動或任務，培養學生參與的熱情。
3. 鷹架理論：透過老師帶領、肢體動作、學生分組學習，產生學習的樂趣。
4. 控制語言：使用學生聽得懂的語言，搭配肢體動作及視覺輔助，讓所有學生知道上課如何進行。
5. 與學生連結：永遠鼓勵學生參與，創造愉悅的學習環境，讓學生喜歡你。

以上幾個操作，家長可以看到孩子在雙語教育的環境中是很幸福的，不像過去排排坐，進行填鴨式的教育。現在以EMI 上課過程中，互動頻繁、師生合作及動手做，這種課程打破傳統教學模式，學生又在不知不覺的情境中，開始開口說英文了！

注1：引自《雙語教育完整手冊》，陳超明，p. 214-15。
注2：引自《雙語教育完整手冊》，陳超明，p. 232-33。

Chapter

除了學中文、英文，
還可以學什麼？

　　在雙語教育中，語言的學習當然是很重要的，但是雙語教育所要強調的並不只是學生學會兩種語言：中文、英文。而是「會使用」兩種語言來思考及溝通，使用兩種語言言思考與溝通，學生可以學到什麼能力了？

使用兩種語言思考可以學到的能力

1. 認知能力：由於同時使用兩種語言，根據腦神經科學研究，

可以強化腦部灰白質的深度，對於抽象概念的理解，很有助益。

2. **超強記憶力**：由於同時記憶兩種語言所需要的單字，增加記憶容量與記憶力的強化

3. **解決問題的能力**：語言的轉化與語法的快速轉移（code-switching），對於問題的解決能力，能夠很快、有效率找到問題根本及思考哪些解決方案是好的。

4. **規劃能力與批判性思考**：不同語言的思考，可以啟動學生進行反思的動作，國小課程引進國際文化，可以協助學生思考自己本國文化的優、缺點，這種批判性思考能力，來自於對不同語言與文化思維的教育。

5. **有效的國際溝通能力**：英語絕對是全球人士溝通的有效工具，過去我們的英語教育停留在學科理念，在雙語教育中，英語是使用的工具，而非知識本身。學生能夠使用英文學習、表達，才是有效溝通的基礎。

6. **多元文化的認知**：透過外師及國際視野課程，從國小到大學，我們可以引進不同文化的認知，透過全球化語言的使用，學生能夠快速、直接吸收國外多元文化。

以上這些能力，都是成為未來全球化公民所必須具備

的能力，也是聯合國教科文組織（UNESCO）於 2015 年草擬國際教育政策所標榜的教育目標：培養全球化公民。其涵蓋三個層面：**認知**（cognitive）、**社會＋情緒**（socio-emotional）、**態度**（behavioural）。也就是希望我們帶領孩子從過去的國際教育引導至全球化教育。

國際教育與全球化教育最大的不同

全球化教育：與別人連結（engaging others）	國際化教育（了解別人）
全球化教育強調各文化情境、議題、趨勢、過程的相關性。	強調去理解區域內的國際性議題與觀點。
全球化教育主要探索不同文化間的關聯性。	涵蓋跨文化認知與溝通，檢驗兩個不同文化間的差異、特性。
全球化教育不僅是關心某個議題或某個區域，而是發現不同文化間的關連性、依存性。	國際化教育針對某些區域或地區，去了解其文化特性與知識。

從以上的區分，我們可以理解雙語教育最終的教育目標是在培養全球化公民素養，與我國的 108 課綱有異曲同工之處，培養學生學習態度、多元文化、批判性思考、解決問題的能力。雙語教育不僅是一種語言教育政策，而是全面性的教育思維改變。

❀ 掌握學習大量知識的能力！

　　父母親可以深刻體會，孩子經過雙語教育後，不僅探索的精神更強、思考問題的能力也多元化了。這些改變，我都可以從我兒子的教育中，看得非常清楚，他具備規劃能力，也能夠從別人的角度去思考問題，而透過精熟的英文能力，他吸收知識的速度與能力，也都被強化了。這不是學習哪種知識，而是掌握學習大量知識的能力！

★同時使用兩種語言，以強化腦部灰白質的深度，有助於抽象概念的理解。

★語言的轉化與語法的快速轉移，對於問題的解決能力能夠很快、有效率。

★教育目標是在培養全球化公民素養，培養學生學習態度、多元文化、批判性思考、解決問題的能力。

★雙語教育不僅是一種語言教育政策，而是全面性的教育思維改變。

Chapter

12

雙語帶給孩子
什麼樣的文化衝擊？

　　上一章，我們強調雙語教育是培養全球化公民素養的基礎，能夠使用國際共同溝通的語言，可以強化與其他世界各國或各文化的連結，也可以更關心國際議題及提昇國際視野。

　　我們在雙語教育中，從國小到大學，也是從國際視野及學生的國際溝通力著手，教育部於國際教育政策白皮書 2.0 也提出類似的看法：以雙語教育為基底，打造學生的國際競爭力與國際連結力（engaging）。

　　針對國際連結，不得不談及雙語教育的附帶價值，那就

是帶給學生更多的文化刺激與文化反思能力，我們經常在不同的教育場合引進雙語教育所給的核心價值：聯合國的 17 項永續發展目標。

從 SDGs 到 ESG：雙語教育的多元文化發展

這些永續發展目標，從國小到大學，都可以成為雙語教育的核心價值，從孩子的國際溝通力、移動力到國際視野、多元文化思維，培養孩子對於地球與人類的責任，這 17 項永續發展目標，也是現階段不少國際企業及國內大型企業的核心價值，所謂的 ESG （Environment, Social, Governance）。

聯合國教科文組織所提出的 17 項永續發展目標，台灣各級學校在雙語教育中也應積極納入其核心價值，為孩子的未來發展鋪路：

聯合國永續發展 17 項目標

（資料來源：https://sustainabledevelopment.un.org/）

SDG 1 終結貧窮：消除各地一切形式的貧窮。

SDG 2 消除飢餓：確保糧食安全，消除飢餓，促進永續農業。

SDG 3 健康與福祉：確保及促進各年齡層健康生活與福祉。

SDG 4 優質教育：確保有教無類、公平以及高品質的教育，
　　　及提倡終身學習。

SDG 5 性別平權：實現性別平等，並賦予婦女權力。

SDG 6 淨水及衛生：確保所有人都能享有水、衛生及其永續
　　　管理。

SDG 7 可負擔的潔淨能源：確保所有的人都可取得負擔得

起、可靠、永續及現代的能源。

SDG 8 合適的工作及經濟成長：促進包容且永續的經濟成長，讓每個人都有一份好工作。

SDG 9 工業化、創新及基礎建設：建立具有韌性的基礎建設，促進包容且永續的工業，並加速創新。

SDG 10 減少不平等：減少國內及國家間的不平等。

SDG 11 永續城鄉：建構具包容、安全、韌性及永續特質的城市與鄉村。

SDG 12 責任消費及生產：促進綠色經濟，確保永續消費及生產模式。

SDG 13 氣候行動：完備減緩調適行動，以因應氣候變遷及其影響。

SDG 14 保育海洋生態：保育及永續利用海洋生態系，以確保生物多樣性並防止海洋環境劣化。

SDG 15 保育陸域生態：保育及永續利用陸域生態系，確保生物多樣性並防止土地劣化。

SDG 16 和平、正義及健全制度：促進和平多元的社會，確保司法平等，建立具公信力且廣納民意的體系。

SDG 17 多元夥伴關係：建立多元夥伴關係，協力促進永續願景。

★雙語教育的附帶價值，那就是帶給學生更多的文化刺激與文化反思能力。

★台灣各級學校在雙語教育中應積極納入永續發展目標的核心價值，為孩子的未來發展鋪路。

Chapter

⑬

哪些課程
適合用全英語上課？

　　教育部多次強調，國中小要先從藝能科、體育科開始導入雙語教學，在升學大考用中文出題的前提下，大家關注的國文、數學、自然生物等對應考科無需刻意融入雙語。從藝能科導入雙語教育的好處在於，這些課程師生互動多，更容易營造沉浸式的英語環境，也更貼近生活情境。例如體育課可以用打籃球、排球等運動項目，搭配簡易英文和肢體動作來教學。也不該出現統一教材，每個學校學生程度都不同，要依照學生狀態選用適合的教材、教法、單字，中央需要投

入更多資源協助教師增能、精進教學和設計教案的能力。

可是我們之前提過，雙語教育也有不少亂象，碰到中英文夾雜或灌輸一堆英文術語的課程，或引入考科的學校，不但混淆了學生學習重點，也增加家長焦慮，孩子回家聽不懂，怎麼辦？

雙語教育亂象，家長能怎麼做

我們無力糾正這些學校對雙語教育的誤解。有幾點建議，家長可以考慮採用：

1. **建議學校將這些課程全程錄影**：放在學校雲端教室，或將這些單字、句子都影印（或錄音）下來，讓學生或家長回家可以多多複習。或是把一堂課內容，整理成可以回家複習的學習單，這樣可以協助孩子學習，減少挫折感。

2. **透過家長會或親師座談跟學校溝通**：美術課、音樂課、生活課就該以課綱能力為主，不要把所有課程變成英語單字課。即使教英文單字，一堂課也不應該超過 3-5 個字，英文絕對不能納入考試範圍，畢竟這不是英語課。有些小一、小二學生字母都還沒學會，就要去背 volleyball 這種單字，

實在太可怕了。

3. **跟孩子好好溝通**：不要在乎英文聽不懂，只要上課知道做什麼、學到該學到的能力與知識，那就夠了。

4. **要求學校能夠開放家長觀課**：我在美國，看到很多小學、中學，都開放教室，希望家長能夠參與學生學習，通常願意開放家長觀課學校，都是比較上軌道。

5. **別送雙語補習班**：不要急著把孩子送到雙語補習班，雙語教育本來就希望孩子在學校多使用英語，不要上補習班，送補習班反而造成反效果。

6. **在家親子共學**：可以跟孩子一起看看有關這些生活藝能的課外讀物或是一起看看英文卡通，碰到一些實用單字，可以跟孩子一起念出來！只要能夠念得出來，孩子就比較不會畏懼雙語課程了。

7. **轉學，轉到純中文學校或 EMI 學校**：如果學校還是在國小教一堆術語或中英文夾雜說，你也無法改變，那就轉學吧！到一般學校好好用中文學習，假日或有空時間，找個母語人士家教或專門教孩子英語閱讀的家教班，別再進入教文法、背單字的補習班了！

重點整理

★ 國中小要先從藝能科、體育科開始導入雙語教學。

★ 藝能科課程師生互動多，容易營造沉浸式的英語環境，也更貼近生活情境。

★ 家長多了解認識雙語教育的實施辦法、參與觀課，並在家中多陪伴孩子看課外讀物。

★ 切勿教授過多的英文術語或單字，若無法改變，不如換環境。

Chapter

14

孩子準備好進入
台灣全英語授課（EMI）大學嗎？

以建構國際化學習環境為主要目標，越來越多的台灣大學校園鼓勵老師與學生使用英語為教室溝通的語言。以英語為教學的語言，並非以英語為學習之目標物，而是以英語為溝通與學習的工具。

這種透過專業學科學習的過程中，實際運用英語，常常成為另一種語言學習的實踐模式。然而，儘管情境學習在語言學習理論與實作中非常受重視，但是專業學科的語言學習情境，所牽涉到的並非外語學習本身，而是專業知識的傳遞

與討論。

大學使用英語授課的教學目標：

極力主張使用英語當成授課語言的學者或是教育主管，是基於以下理由或是教學目標：

1. 以全語言的教學理論為基礎，將學科學習與語言學習結合。
2. 提供更充分之英語環境。
3. 提供學生更多的語言技巧練習機會。
4. 建構國際化教室環境。

這些理由或是教學目標，其實是打破過去語言學習的基本運作模式，也就是以內容導向來引起學生之語言學習與運用之能力。

從 English for General Purposes 到 English for Specific Purposes 的語言學習趨勢中，這種結合語言學習與學科學習，獲得了學理與實作方面的支持。而更多的語言教學理論也證實以內容學習為主，不但可以增加學習者的語言運用能

力，也能訓練學生以該語言思考與論辯之能力，脫離了舊有的以語言結構或形式（如文法、句型等）為主軸的學習方法。這種理論以 1997 年 Stephen Krashen 所發表的轉移式的雙語學習模式為主，他認為最好的雙語學程應該提供第一語言的教學、第二語言的語言學習課程，以及利用所學中級程度的第二語言來學習非語言課程（他所謂的 sheltered classes），而後漸漸進入以第二語言為主流的非語言學科（即專業學科）。這種轉移式的雙語模式（transitional bilingual programs），不但可以透過學科知識增加學生對第二語言能力的掌握，更可以減少其適應以其第二語言為主流教學的時間。加拿大在 1950 年代所推出的融入計畫（immersion program）也支持從第一語言學習到第二語言學習中，學科的學習有助於其快速掌握其第二語言能力與專業知識。

大學全英語授課的理論架構

不僅是雙語學習理論支持以學科融入的方式來加強第二語言，近年來的 ESP（專業英文）課程設計，也間接的鼓動以英語為授課語言的專業課程教學。很多大學老師以其自身在美國研究所上課的經驗，提供了精進英文能力的學習方法。

透過上課聽講、同學討論以及英文論文寫作的實戰經驗，在短期內英語能力獲得提升。這些理論與經驗其實是建構在以下四種假設上面：

1. 訓練學生使用學術英文（**English for academic purposes**）：訓練學習者使用英文來作學術溝通如討論或是寫作。

2. **語言習得 language acquisition**：語言學習的效果在專業課程上更能呈現，學習者可以透過語言的實際運用來增加自己的語言能力，所謂語言的實際運用才是語言學習的正確方法。

3. **跨文化的思維與觀點 cross-cultural perspectives**：以第二語言（此處是英語）為思考或是作為討論與授課的工具，可以刺激學習者超越其第一語言的思維模式，對其專業學習提供一跨文化的論辯空間。

4. **跨學科訓練**（**interdisciplinary trainings**）：結合語言學習與專業學科，本身就是一種跨學科訓練，學習者不僅要考量其專業知識的吸收，更要學習第二語言的所涵蓋的語言系統、文化與社會價值等，這種學習可以促成語言學習、文化學習及該學科之專業知識三種之對話。

🌸 大學以英語授課之上課模式

以英語授課成為一教育議題，主要是在非英語系國家或是針對外來移民之融入主流教育體制。在台灣，英語授課之爭議點在於台灣在英語使用環境上並無如香港或是新加坡等國家之優勢，英語授課儼然成為某些大學國際化的一個重要指標。然而以第二語言來教學的老師面對第二語言能力不佳的學生，這種純粹以英語為重，而忽略該學科之學習目標而言，使用第二語言（英語）授課的意義到底為何，實在值得商榷。

一般來說，提到英語授課，如果在非英語系國家如台灣，應該會出現以下幾種狀況：（1）英語母語教師 vs. 非英語為母語之學習者；（2）非英語母語之教師 vs. 非英語為母語之學習者；（3）英語母語教師 vs. 混合學習者（英語為母語及非母語之學習者）；（4）非英語母語之教師 vs. 混合學習者（英語為母語及非母語之學習者）。

以第 1、2、4 種狀況或是教學模式來說，使用英語授課為必然之條件，因為英語是此時唯一的共同語言。而以第二種模式來說，教學者與學習者皆使用不熟悉之非母語來進行互動，其學習之目標除了符合以英語為學術語言外，語言的

習得、跨文化的思維或是跨學科的訓練等幾乎達不到其該有的成效，也就是以英語授課本身的功能性是大打折扣，有關該學科之專業學習是否才是該學科學習的重要目標呢？以英語授課會不會傷害了學科之學習。這就牽涉到了到底以英語授課之專業課程其內涵為何？

英語授課課程之重點

大學專業課程如會計學、經濟學、統計等，其教學重點在於其本業之入門或是進階之整體論述與發展，而使用英語授課則使其教學過程趨於複雜化，因為其教學內容與教學過程有密切的關係。學習者在學習過程者，由於使用第二語言，其對語言的敏感度相對增加，其可能由於對語言本身的瞭解度不同，產生對知識產生的不同結果。

專業知識的傳遞本身，由於透過不同於母語的轉換，其瞭解可能由於跨文化思維或是不同語言的詮釋，讓學習者能更深入體會這些知識的多面向或是深度，但也可能學習者對該語言的一知半解，而產生學習上的障礙。因此以英語授課的專業課程，教學者與學習者的英語能力可能決定了專業課程的成敗。在此，所謂英語能力不僅是基礎的認字或是聽講

能力（literacy）而是高階的思辨能力，才能協助或是增加學習者對該專業知識的跨文化或是跨學科之學習，否則只是停留在不穩定的學習狀態或是仍限於英語之基礎架構上。

大學英文 vs. 專業知識

以英語授課的重點到底是專業課程本身還是建立英語學習環境？這個問題一直困擾著教育決策者與英語教學者。但對於專業學科之教師而言，語言只是工具，只要能運用流利，教學與學習就不是問題。但是學科教師可能忽略了思維邏輯的問題，因為以英語為授課語言，其教室運作（含講演、討論、作業、同儕的學習）都是以第二語言進行，語言影響了思維模式，其學習不能以純粹語言轉換的模式來進行，而是以異質文化來操作，因此應考慮專業知識與英語結合的程度來定，也應考慮學習者本身的學習經歷（如是否瞭解該學科之英語用法或是學術發展等）。

學習重點

另一個英語授課的成敗在於學習者。學習者在選擇以英

語授課之專業課程，學習的重點在於語言學習還是內容學習，可能關鍵在於其心態的調整與其英語能力之高低。

如果其英語能力接近母語人士，則語言的干擾就不是他本身學習的重點，如果其語言能力無法應付高階之學術對話（或是教師之語言能力也無法處理學術對話），則語言學習反而可能成為其學習的重點。

此外教室內的語言焦慮（classroom anxiety），也是值得考慮的一項因素；同儕的競爭是建立在專業知識的基礎上還是英語能力上，可能也是學習者或是教學者焦慮的所要來源。

結論與給家長的建議

以內容學習為主導的語言學習模式漸漸取代傳統的語言結構為主的教學。將語言學習帶入語用的概念，以專業或是學術內容為學習主軸，可能是高階語文學習不可不走的一條路，畢竟語言學習的終極目標是使用這項語言。

因此，如果你希望你的孩子能夠具備高階的思維能力與專業知識，參加以全英語授課的教育，就是一個不可避免的趨勢與教育選擇。

我們希望透過全英語授課，這項以專業帶入語言學習的模式，不僅是提升語言學習的動機與興趣，更是讓我們提升對於學科知識的深度理解與批判。

我們希望孩子站在什麼高度？

一堂以英語授課的政治學導論或是管理學概論，無疑的會引起師生對自我定位、社會價值產生討論的空間，尤其是透過英語語言的思考邏輯，有異於中文的思考模式。文化與主體性的議題漸漸在語言學習的範疇中受到重視。

英語能力的高低當然是本項課程或是計畫成敗的關鍵，但是它不必是唯一的考量標準。以英語當成授課語言的教學模式，應被當成雙語教學的一環，也就是從母語教學的專業課程，配上專業之語言課程的訓練，漸漸導入以英語當授課工具的專業課程，應該可以構成台灣各大學從單一的教學環境進入教多元化的國際教室場景，一方面可以引導學生進入雙語思考的領域，增強學生的國際競爭力，一方面也可以將台灣教學推入國際學術舞台。

我期望台灣會如香港、瑞士、法國、荷蘭一樣，出現一所以全英語授課的大學，或至少 1/2 專業課程以全英語授課，

這時台灣大學生未來能夠進入國際職場競爭的能力大幅提升，這不僅是英語能力的運用，而是國際思維與企業運作的重大改變。

父母親們，你希望你的孩子站在世界的哪個高度？20年後，希望他成為什麼樣的人才，讓我們好好面對全英語授課的大學時代來臨！

重點整理

★ 轉移式的雙語模式，以學科知識增加學生對第二語言能力的掌握，並減少其適應以第二語言為主流教學的時間。

★ 英語授課成為大學國際化的一個重要指標。

★ 英語能力不僅是基礎的認字或是聽講能力，而是高階的思辨能力，協助學習者對該專業知識的跨文化或是跨學科之學習。

★ 以內容學習為主導的語言學習模式漸漸取代傳統的語言結構為主的教學。

★ 全英語授課能提升對於學科知識的深度理解與批判。

Part 3

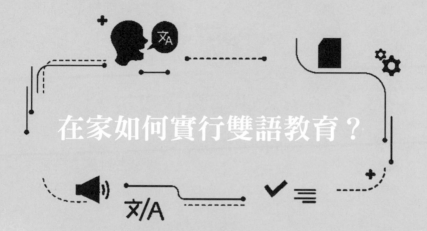

在家如何實行雙語教育？

Chapter

15

孩子進入雙語教育學校，

你焦慮嗎？

雙語教育給家長的壓力——

需要在家講英語嗎？

在中央政策及地方政府凸顯教育政績之時，雙語教育成為很熱門且實用的議題，在教學現場更是考驗老師教學能力與學校的行政配合。然而，對很多家長來說，可能是更多的焦慮：孩子在體育課聽得懂英文嗎？在音樂課怎麼辦？在童軍課跟得上嗎？

很多都會區的家長開始擔心起孩子在雙語教育的大纛下，英語聽不懂、學科也學不好，是否該送雙語補習班？或是全英語的家教班？

台灣雙語教育實施現況如何？

首先，我們先跟家長釐清台灣現在進行的雙語教育現況：雙語教育在台灣指的是使用國語及英語做為授課語言，一般來說，大約是生活藝能課程（佔學生課程的 1/3）使用英語，其他學科（如數學、自然、社會學科，尤其是會考或入學考試科目等）使用國語。

現在推動的雙語教育大概分成兩類：一是 CLIL（語言與學科結合的學習）、一是 EMI（英語為授課語言）。第一類的語言與學科結合的教學模式，對於孩子來說，英語的壓力不少，因為一方面強化英語學習、一方面還有體育、音樂、美術、數學、科技等科目學習，一堂課下來，配合這些學科，可能要學習 20–30 個以上的單字或句子，對於國小一、二年級學生或國中生來說，真是很重的負擔啊！而且未來該科目的評量測驗也要考「學科英文」啊！不少 CLIL 學校附近，雙語補習班林立，大概給家長不少壓力。

🌸 EMI（English as a medium of instruction） 才是王道

另外一種 EMI，則是採取英文為授課語言，而且只有一些生活藝能課程，沒有任何學科（如數學、自然或科技等）；老師（本國或外籍老師）使用簡單的英文（學生聽得懂的英文，如 eyes on me, arm circles, use your blue pencil），配合肢體動作及圖片、影片，教導學生一步一步（baby-step）來打籃球、認識自己、學會畫畫技巧、認識學校環境、學習野外求生等技能，以能力（skills）為導向，強化學生生活藝文課程的能力，英文只是溝通工具，並不是學習主軸。

即使學生聽不懂，但是看到老師的動作、一步一步（如嬰兒學步般），就學會一項能力。英文的指令，聽多了，配合動作，也就知道英文意思，跟著老師唸起來。學習英文沒有壓力，也不用考英文！

如果是在 EMI 的學校裡，學生大約每天都有 2–3 節課的英語授課課程，其他課程就是用中文上課，即使在英語授課的課程中，必要時，有些關鍵字詞，老師也會使用中文，給學生一些提示。家長不用擔心學生跟不上學習，這些學科能力學習，都是透過動手做、老師示範、分組合作等教學模

式來學會的。英文能力提升是情境式的，孩子在英語聽講的環境中，「自然」或「不小心」就學會數字、顏色、身體部分、動作、煮食等生活技能所需的英文能力。

學生不經意地開口講英文了！

我個人在桃園、雲林、高雄指導上百間的國小、國中雙語學校，看到孩子自然地跟著外籍老師或本國老師，複誦（echo）一些英文，透過動作，學習外語，反而沒有透過中文翻譯，而是直接地了解這些英文的意思！ Boys, line up here. Girls, line up there. You and you, group 1; you and you, group 2, ... Group 1, jump, jump, and jump and then come back. 學生在體育課，很容易聽懂也跟著動起來；在音樂課中，老師示範如何作曲，學生跟著節奏，一步一步寫出自己的樂曲，也透過直笛，演奏自己寫的樂曲。

在這個 EMI 課程中，學生更專心、老師更用心！透過專家學者及同儕老師的備課、觀課、議課，這些雙語課程引導學生透過探索及自己動手做，學得更多，也沉浸在英語使用環境中。

不用送補習班、不用擔心孩子跟不上！在家可以跟孩子

一起學！請孩子教你！

☺ 給雙語教育一點時間——
使用語言需要長期的醞釀

　　家長根本不用擔心，自己是否要送孩子去補習班或在家裡跟他練習英文？孩子慢慢地就會聽得懂，沒有語言學習壓力、沒有背英文單字的痛苦、也沒有失去這些藝能課程的學習樂趣，老師設計更多活動、學生隨意地跟著外籍老師開口說英文了。

　　雙語教育，其實就是要創造這種語言使用的環境。過去，我們的英語文課程，都在背單字、學文法，一堂課下來，只有跟著老師朗讀課文，其他都是中文，也沒有實際情境來使用英文，以 EMI 為教學模式的雙語課堂中，學生就自然聽英文、說英文，配合老師教學、動作與學習步驟，慢慢知道課堂上的操作。

雙語課堂需要時間的磨練——雙語教育創造使用英語環境！

當然，學習需要時間，透過這種自然與不經意地語言學習環境，更需要時間，家長不用擔心，你的孩子聽不懂，這是很自然的現象，依據各種研究顯示，孩子可能需要 2–3 年的內化期，才能漸漸地聽得到、說得出，不可能在短期間就學會的。只有在這種慢慢自然環境中，孩子才不會畏懼說英文、才能真正使用英文。

不少公立學校提供了過去私立雙語學校（或國際學校）才能提供的學習經驗，我們需要適應、體會學校雙語教育的創新作法，給學校多一點支持，也給自己的孩子更多的鼓勵，不用擔心孩子學不會，在這種環境下，英文會講了、學科能力也落實了。真的不用送補習班、也不用在家跟他說英文，2–3 年後，您的孩子可能會主動跟你說英文，說不定到時候，家長也可以跟著學！

重點整理

★ 以能力為導向，強化學生生活藝文課程的能力，英文只是溝通工具。

★ 孩子在英語聽講的環境中，「自然」或「不小心」就學會生活技能所需的英文能力。

★ 沒有語言學習壓力、沒有背英文單字的痛苦、同時保有藝能課程的學習樂趣，孩子慢慢就會聽得懂。

★ 雙語教育就是要創造語言使用的環境。

★ 研究顯示，孩子可能需要 2-3 年的內化期，才能漸漸聽得到、說得出。

Chapter

16

我的孩子英語不好，
怎麼上雙語學校？

不少家長擔心自己的孩子英語不好、語言學習較慢，如何進入雙語學校？其實，我們要有個觀念，雙語學校就是要給英語不好、語言學習較慢的孩子一個機會。

過去，我們在國小英文課只有短短的一、兩節課，孩子根本不可能學會一個外語；在國中也只有 3-4 節課，很多老師都在趕課、講解文法，英文如何學得會呢？

現在引進雙語教育，就是希望增學生聽、說英語的機會，把英語當工具、當能力，而非當學科。文法錯了，又如何？

單字講不出來，用比的、用畫的，反而更有趣。以溝通為主的雙語教育，就是要彌補過去英語教學的誤導，也讓學習較慢、需要更多時間的孩子能夠有機會「使用」英文！

孩子英文不好，父母該怎麼協助？

當然，作為父母親的也會很擔心孩子在學校是否因為英文不好，學習落後？在此，建議當父母的你們可以多做一點：

1. **了解學校推行雙語的方式**：向學校諮詢，了解學校推行的雙語課程如何上的！如果可以開放家長觀課，更值得好好去了解。

2. **與孩子溝通**：孩子不需要擔心課程中有些英語聽不懂，只要知道每一步要做什麼、學到該學到的能力與知識，那就夠了。給孩子足夠的信心及正向鼓勵，讓孩子有持續保持學習的動力。

3. **善用多元的英文學習資源**：跟孩子一起閱讀這些生活藝能的課外讀物或是一起看看英語卡通，碰到一些實用單字，可以跟孩子一起念出來！只要能夠念得出來，孩子就比較不會畏懼使用英語了。

4. **協助孩子強化自然發音或多看一些網路上的一些相關課程短片**：孩子聽不懂英語，有時是對於發音的方式不熟悉，可以強化他們的自然發音（網路上有很多資源）。

5. **要求學校能夠建立雙語的雲端教室，以便學生回家複習**：大部分的學校都會錄下雙語課程，以作為未來教學參考，可以跟學校溝通，是否開放一些老師教學的影片，放置雲端，這樣家長也可以跟孩子一起複習或學習，以強化孩子對上課的信心。

6. **與學校或老師溝通，是否可以事先給予上課的一些資料（尤其是英文的內容）**：孩子如果事先知道下一堂課上課資料（如體育課上籃球或接力賽），部分的教室用語為何？那些是用得到的英語，這樣事先協助孩子聽懂一些字彙，也加強他們的信心。

7. **課後請老師建議一些課外資料，或課後給予該堂課的中文或英文的課程精華摘要（或學習單）**：大部分課程以英語上課，孩子剛開始可能聽力不習慣，對於該學科（如美術、音樂、科技等）能力及知識，不知或一知半解，可以請老師建議給予一些書面資料或課外資料，協助學生在家於課前或課後多加學習。

雙語是希望孩子在學校能夠使用兩種語言（國語與英語），但在台灣學齡期間的孩子對於字母、發音等等基礎英語上還在慢慢學習中，灌輸過多的英語內容，孩子會較難吸收。家長們也不用對雙語教語有過度的恐慌，就讓我們一起陪著孩子在日常生活中先小小的實踐雙語吧！

家長對英語學習的迷思

　　另外針對很多家長對於英語學習的迷思，有幾個問題，趁機會跟家長說明一下：

問題一：孩子考試都還 OK，為什麼實際要用英語對話時，卻都不願開口或表示聽不懂看不懂？

　　學校的考試通常都是一種成就測驗，也就是教什麼考什麼！很多老師上課教文法、背單字，所以考試常常出現這樣的題目：

1. 以下何者為形容詞子句？(My uncle lives in that big house, which is close to the post office.)

2. 鉛筆： <u>pencil</u>

3. supermarket： <u>超市</u>

　　如果學校以這樣的考試形式，不但無助於未來的國中會考或大學入學考試，對於實際的語言運用也是沒有幫助。真正的語言能力來自閱讀力與使用力，也就是具有能夠獨立自己閱讀的能力（朗讀與理解）；使用力（能夠聽得懂、開口說）。也就是老師（不管是在學校或補習班），一定要以學生為中心，老師上課用英文上課，問學生問題；教導學生如何自行閱讀的能力，這樣在現實生活，才能結合學習成效與生活使用英語能力。學校考試也要改變，採用會考現在的形式：聽力與閱讀，不要再考單字的翻譯及文法知識了！

問題二：在學校學了英文，要如何檢視孩子是真的會使用英文？而不是死背它？面對這種情況，家長該怎麼做呢？

　　這個問題與上面的問題有直接關係，家長有兩個作法：一是不斷詢問學校，英文課是用中文上還是英文上？如果沒有老師的英文輸入，哪裡來的學生英文輸出（使用力）？很

多老師可能說，怕學生聽不懂，這是一種藉口，請問小一學生一進入學校，老師會用台語或客語來教國語嗎？學生剛開始可能聽不懂，可是一段時間後就聽得懂；而且老師也要改變教法，一昧使用語言學術語教「形容詞子句、分詞構句、補語、及物動詞」等，對學生語言能力一點幫助都沒有！

家長第二個作法：可以請孩子回到家裡後，陪伴孩子閱讀，讓孩子把學校教的課文唸給你聽！如果你自己英語能力不足，也沒關係，一邊放課本隨附的朗讀語音，一方面跟孩子一起唸出來，就會強化孩子的聽說能力！這樣才會真正使用英文。

問題三：很多老師告訴我們，學習英文就是背單字、學文法，一旦單字夠多，文法會了，英文就很棒？

單字多一些，當然對於閱讀及口說有所幫助，但是記憶不是學單字的方法，使用單字、用在閱讀及口說，才是學會英文的方式！如果學校老師做不到，家長可以在家幫孩子找出每個課本中的 5 個單字（以動詞及名詞為主），要他們造句（如果不會，就查字典或上網找），造句至少要有 8-10 個字，造好句子，就念出來，用手機錄下來，不斷練習，一週

三次以上，英文就會很棒！三個月後，再增加難度。

問題四：小學教了自然發音（看到字會念、會念就會拼），
**　　　　可是到了國中，又有老師教 KK 音標，說不學音標，**
**　　　　英文字就不會念！到底要聽誰的？**

　　小學的自然發音，才是真正孩子帶得走的能力：看到字就會念、會念就會拼！學習單字，從聲音開始，從使用或造句開始，這樣才會真正使用英語。之前台灣的 KK 音標雖然是對於發音很有幫助，但是對於語言學習反而是種障礙！音標本來是語言學家用來標示語言發音的一套制度，這是語言學的學術系統，並不適用語言學習。台灣現在連母語（如台語、客語），也用音標系統來標示，也讓很多家長頭痛。其實最好的語言學習方式是從「聽」開始，不是用音標。最好這些母語都可以在每個字旁邊附上 QR Code，然後學生用手機一掃描就聽到如何發音、如何念，然後跟著複誦，這才是最佳的方法：從聽到說！音標可以丟了，留給語音學者去煩惱吧！不要拿來荼毒我們的孩子！

問題五：學校與補習班都教很多文法，說這是未來考試會考的。不會文法，英文就不好，這是真的嗎？

　　不少補習班缺乏語言學習的策略，還停留在 30 年前的語言學習方式（以賣弄語言學或文法知識為主），不知現在所有考試以「能力」為主，考學生的聽力、閱讀力與理解力，在大學入學考試中的面談，甚至以英語來口試。所以，補習班如果再以文法考試、單字記憶來「威脅」考生或父母，家長們可以趕緊離開，別浪費金錢了。看看現在的會考、大考及多益或全民英檢，都是以聽力、閱讀、口說為主，不是文法了！

　　以上幾個迷思，都來自於我們過去學習語言的錯誤及誤解，希望我們都能建立正確的語言學習觀：從聽開始、多閱讀、多開口！這樣考試成績很好，也能夠在真實生活中好好使用英文力！

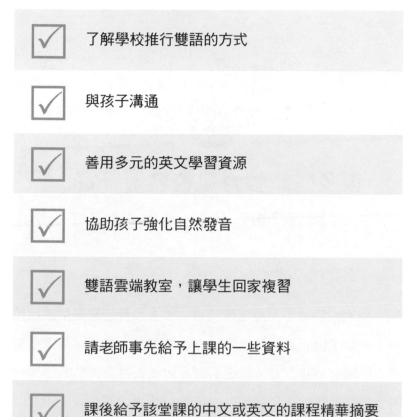

家長可以怎麼做？

- ☑ 了解學校推行雙語的方式

- ☑ 與孩子溝通

- ☑ 善用多元的英文學習資源

- ☑ 協助孩子強化自然發音

- ☑ 雙語雲端教室，讓學生回家複習

- ☑ 請老師事先給予上課的一些資料

- ☑ 課後給予該堂課的中文或英文的課程精華摘要

Chapter

17

很多雙語教育學校名不符實，
別被招牌、政治口號騙了！

　　台灣由於政治及選票的考量，很多教育的議題都被政治化了，除了母語教學及歷史、文化課程外，背負政治選舉考量的，還有英語教育或雙語教育。政治人物對於教育議題的考量，除了建設或輔助外，最近流行建立雙語學校：不少縣市首長喊出：校校有雙語、全市成為雙語學校、引進 IB 國際認證學校、雙聯學制、甚至提出三語學校等超高標準的教育需求。

✿ 校名有「雙語學校」就真的是雙語教育嗎？

　　首先，我們已經定義什麼是雙語學校：也就是每個年級都要實施 1/3 課程以英語授課，2/3 以國語上課。而且逐年實施，從國小到高中的三級制接軌。這在歐美或加拿大國家，都耗費鉅資及超過幾 10 年的努力，才能夠有部分雙語公立學校的建立，以西班牙為例，透過英國文化協會協助，經過 20 年的努力，也僅有不到 1/3 學校有辦法實施雙語教育（英語＋西班牙語）。而台灣在有限預算（如每縣市幾千萬或幾億新台幣）、師資結構僵化、沒有國家明確政策的指引下，如何透過地方政府短線的炒作，打造有系統且永續經營的雙語教育呢？

　　針對這些雙語教育的口號，我個人儘管憂心忡忡，但仍提出幾個檢驗雙語教育的幾個指標，希望導正各地的雙語學校的亂象。以下這個表格，可說是我認為雙語學校的指標，如果未達成，則只是掛羊頭賣狗肉的雙語教育口號。

雙語學校建置及教學現況檢查單
A Checklist for Bilingual School

一、校園環境

☐ 校門口雙語標示

☐ 校園內標語、指標牌、布告欄等

☐ 雙語辦公室

☐ 教室雙語佈置（含電腦及科技產品使用）

☐ 英語廣播

☐ 學校各校文件英語化

☐ 學生各項用品英語化：聯絡簿、教室日誌、週記等

★其他校園環境之軟硬體雙語化

二、課程規劃與師資

□ 雙語課程

　（或全英語授課課程，不含英語語言課程）達 1/3

□ 課程規劃對應十二年課綱素養及能力指標，且

　有三年或四年之課程地圖

□ 雙語課程皆有課程大綱及能力指標

□ 外師及中師協同教學

□ 本國（學科或英語）老師能以英語獨立教授雙

　語課程

□ 外師獨立教學

□ 固定安排備課空間及時間

□ 校內定期召開雙語教學會議

□ 校內雙語師資充足

□ 校內雙語師資（含外師）均能定期參加增能研習

□ 校內主管均能掌握雙語課程推動情形（如定期

　參加教學會議、不定期校內觀議課等）

三、教學現況

☐ 教師教學均能以學習者為中心，以學生學習體驗為主。

☐ 教師使用學生能懂得語言或輔助方式（如肢體語言、圖片、影片及道具）教學。

☐ 教師能以該學科能力及學習態度為評量指標，不以學生英語能力為評量依據。

☐ 學生參與學習情形良好；師生互動情形良好。

☐ 課程進度掌握良好，能達到該課程之學習能力要求。

☐ 教師能善用各項教學工具（如科技產品、學習單等），務求學生理解上課內容。

☐ 教師能顧及不同程度學生之學習，進行差異化或分組學習。

☐ 教師能在課程結束前，檢視學生學習狀況，並協助弱勢學生學習。

☐ 雙語課程錄影，並設置雲端教室，供學生複習。

四、其他雙語特色

☐ 學校進行國際遠距課程

☐ 學校規劃與國外學校之交流活動（如社交媒體等）

☐ 學校規劃其他課外雙語活動（如社團、英語角
　落等）

☐ 學校提供雙語活動空間

☐ 學校強化英語閱讀學習

☐ 學校使用線上學習資源

★學校善用社區資源：＿＿＿＿＿＿＿＿＿＿＿＿＿

★學校進行社區與家長溝通：＿＿＿＿＿＿＿＿＿＿

★學校規劃其他雙語學習活動，

　如中午 ICRT news lunchbox 新聞學習活動等）：

　＿＿＿＿＿＿＿＿＿＿＿＿＿＿＿＿＿＿＿＿＿＿

★其他推動雙語學習或環境之作法：

　＿＿＿＿＿＿＿＿＿＿＿＿＿＿＿＿＿＿＿＿＿＿

家長如何判斷學校的雙語教育是正確的？

但是台灣還是有些政治人物，誤解各項雙語教育的方向與策略，一昧要求學校進行荒腔走板的雙語教育，如中英文夾雜，有如晶晶體的教學、灌輸國中小學生一堆術語、用大人的語言解釋簡單的技能說明等等，因為政治領導教育所產生的怪現象，家長又如何能分辨清楚呢？尤其是遇到中英文夾雜及術語充斥的雙語課程，要如何拯救自己孩子？

在此，提供家長幾個作法，希望可以協助孩子進入這些雙語教育：

1. 建議學校將這些課程全程錄影：放在學校雲端教室，或將這些單字、句子都影印（或錄音）下來，讓學生或家長回家可以多多複習。或是把一堂課的內容，整理成可以回家複習的學習單，這樣可以協助孩子學習，減少挫折感。

2. 跟學校溝通：美術課、音樂課、生活課就該以課綱能力為主，不要把所有課程變成英語單字課。即使教英文單字，一堂課也不應該超過 3-5 個字，英文絕對不能納入考試範圍，畢竟這不是英語課。有些小一、小二學生字母都還沒學會，就要去背 volleyball 這種單字，實在太可怕了。

3. 跟孩子好好溝通：不要在乎英文聽不懂，只要上課知道做什麼、學到該學到的能力與知識，那就夠了。

4. 不要被「雙語學校」這四個字迷惑：看到學校掛出這個招牌，不要就一窩蜂擠進去。向學校諮詢，可否看看雙語課程如何上的，通常願意開放家長觀課學校，都比較上軌道。

5. 別送雙語補習班：不要急著把孩子送到雙語補習班，雙語教育本來就希望孩子在學校多使用英語，不要上補習班，送補習班反而造成反效果。

6. 在家：可以跟孩子一起看看有關這些生活藝能的課外讀物或是一起看看英文卡通，碰到一些實用單字，可以跟孩子一起唸出來！只要能夠唸得出來，孩子就比較不會畏懼雙語課程了。

7. 轉學，到純中文學校或 EMI 學校：如果學校還是在國小教一堆術語或中英文夾雜說，你也無法改變，那就轉學吧！到一般學校好好用中文學習，假日或有空時間，找個母語人士家教或專門教孩子英語閱讀的家教班，別再進入教文法、背單字的補習班了！

1. 確認雙語學校的定義

2. 利用「雙語學校檢查單」檢視 （p136-p139）

Chapter

如何選擇補習班？
需要進美語補習班或雙語補習班嗎？

　　在台灣，許多入學或工作、升職考試，都會以英語成績作為重要指標，由此可見英語的重要性。此外，在一些學術理論支持下（如英語學習關鍵期），認為愈早學習外語越好，而且最好跟外籍母語人士學習，發音好、學道地的英文。因此，從幼兒園開始就有雙語幼兒園或是兒童英語補習班。

　　以下，我將對挑選兒童英語補習班做一些整理分析，提供給家長參考：

選擇兒童英語補習班的兩大迷思

*最常見的兩大迷思：
（1）外籍母語人士（2）越早學越好

首先，孩子的語言口音或對語言敏感度，並非只從老師身上學會，而是透過環境影響。即使上課聽的是外師說英語，如果平時沒有真正的母語環境，對於孩子來說，英語仍然是外語，而非母語環境，有口音、英語無法達到母語人士的使用層次，非常正常。簡單地說，孩子英語口音及能力使用，大都從同儕團體（或環境）中學成！我孩子之前在美國上小學，英語口語能力，大部分是跟同學互動才知道如何表達，之後回到台灣，喪失了這些機會，英語只能成為他的外語。

第二個論點，愈早學越好？孩子在越小年紀，是用全腦（左、右腦）一起來學習，比較沒有其他干擾，所以學得好。但是如果沒有持續，到了國中，很多教學以文法學習及語言知識學習為主，缺乏真正語言能力使用，不到半年（這是語言學習的衰退期），真正的語言溝通能力就會漸漸喪失，這就是為什麼很多人從小也上兒童美語補習班，但是都了國、高中或大學，英語還是開不了口，以前上的全浪費掉了！

⚙ 選擇兒童英語補習班的三大指標

＊選擇兒童英語補習班的三個指標：
（1）時間（2）強度（3）內容

1. 時間：每週至少 3-6 小時

　　以時間來論，最好一個禮拜，除了學校上課外，至少需 3-6 小時的學習時數，孩子才可能把基礎的英語溝通能力學好，畢竟我們沒有母語環境，持續地接觸與練習是必須的。

2. 強度：實際使用英語、7-10 年的持續學習

　　指的是能夠實際進行與孩子的英語溝通練習，非常重要。另外一個強度概念：持續。外語能力的內化，需要長時間持續地學習，國外研究提出 7 年的基本法則、10 年的精熟法則，也就是學習任何技能（包括語言），最好能有 7 年不間斷地學習時程，達到基本能力，才不會忘記。如果從小學開始送孩子去英語補習班，持續下去，孩子的語言能力會有更明顯成效。

3. 內容：著重閱讀理解、全英語授課

　　挑選真正讓孩子「學習語言」補習班，不管是國小、國中或高中，必須檢視這個補習班在教什麼。兒童英語補習班，

大抵強調孩子的英語能力使用（如聽、讀、口語能力）；然而到了國中、高中，很多升學補習班強調文法。其實，除了現今不少老師在段考還在強調考文法，現今已是溝通的時代，文法考題時代已經過去了！試問，背一堆單字、文法，結果一句英語都說不出口，學英文要做什麼？

專業英語補習班應該強調學生的閱讀能力與聽說能力，尤其是長篇閱讀能力及聽說能力。現今的國中英文會考及大學學測，都是閱讀理解、寫作及聽說能力（大學入學面試，很多頂尖學系都用英文口試）！重視閱讀理解、要求學生閱讀小說或故事、寫故事摘要、上課用全英語上課、用學生聽得懂得語言上課。強調如何使用英語，理解內容，這是挑選英語補習班時的重點！我的孩子就是一個好例子，他從來不太懂文法知識，但是透過大量閱讀，產生英語語感、閱讀理解能力強，老師上課全程用英語，聽、說都沒有問題，他在國中、大學的入學考試，英文分數都是頂尖的！

學校與家長共同合作，孩子不用補英文！

最後，常有家長問：難道在學校無法把英語學好，一定要去英語補習班嗎？在學校本應該可以學好英語，但是以現

今一個星期只有兩節（國小）或三節課（國中）的英語，一班 2、30 人，如果回家沒有人教或練習，下次上課可能都忘光了。這也是為什麼不少沒有補習或沒有額外加強英語能力的國小、國中生，在英語能力上會有較大落差。

現今各縣市推出雙語教育，學生可以好好使用英語來溝通，這樣語言才能內化。加上如果孩子在家能在父母陪伴下，進行大量閱讀英文故事書或科普書、你的孩子有福了，真的可以不用上英語補習班。

注音 重點整理

★ 選擇兒童英語補習班的三個指標：（1）時間（2）強度（3）內容。

★ 選補習班的兩大迷思：（1）外籍母語人士（2）越早學越好。

★ 如果孩子在家能在父母陪伴下，進行大量閱讀英文故事書或科普書，真的可以不用上英語補習班。

Chapter

19

我的孩子
需要什麼英語能力？

　　我個人一直認為英文是全世界最簡單的一種語言：除了發音有基本原則（基本上遵循自然發音）、語法結構比其他語言單純（大抵依照：主詞＋動詞＋受詞的字序）、單字大約 2000 個，就可以與全世界 2/3 人的溝通，也可以一起討論事情。大概世界上很少語言能夠以這麼有效率、這麼輕鬆達到溝通的能力。

✿ 英文要學多久才能達到溝通能力？

到底要達到這種溝通能力，需要多久時間？依照歐盟語言共同架構（CEFR）的學習理論與實務來看，達到基礎溝通能力A1，大約需要320個小時，從不會字母到基本溝通能力：能理解並使用日常生活用語、緩慢開口與人溝通。如果每週3個小時來算，大約兩年就可以達成；每往上一級，大約需要300個小時左右。以此推算，如果固定好好學習，大約在小學畢業後，可以達到B1水準（可以理解、清楚表達工作上、學校裡、旅遊中所有的對話及相關事務）。實際上來說，我們大部分人只要達到B1水準就可以暢行天下，旅行、生活、上課、工作都可以應付！

然而，台灣情況看起來不是如此，到了大學，能夠達到B1的人有無20%？很多大學英語畢業門檻訂在B1，還是有不少人過不了！

✿ 以終為始：語言能力的定位與要求！

到底你的孩子需要什麼英語能力？這個需要視孩子未來的職涯發展決定。如果你希望孩子以後能夠成為國際人才（如

任職於跨國公司、外交官、金融財經），那他的英語能力可能必須達到所謂歐盟語言架構 CEFR 的 C 級以上（大約是多益的 900 分以上），如果他只是做做小生意，未來要接手你的水電行或文具行，那大概基本的 A2 或 B1 即可。我們可以從以下的圖表來對照「以終為始」的概念來學習外語。記住：不是所有的人英文都要很好！我們必須以需求來決定孩子的學習！

高階外語溝通工作（如國際金融、外交官、跨國公司員工）：英文能力 CEFR C1 以上

必須與外國客戶溝通的工作（如國貿、行銷、工程師、中高階主管與技術人員、電腦資訊管理人員、觀光旅遊、高科技產業）：英文能力 CEFR B1-B2

一般服務業、運輸業、櫃檯人員、商店販賣工作：英文能力 A2-B1

有關 CEFR 能力指標如下頁圖表：

CEFR 能力指標 (A1-C2)

使用者層級	級別	能力指標 (descriptors)
精熟使用者 (Proficient User)	C2	能夠輕易理解任何聽到或閱讀到的訊息，並且針對不同書面或口語來源摘 要資訊；以嚴謹組織，重新建構論點與論述；能夠自然、非常流暢與精確 表達，區分較為複雜的場合中，語意的細微意涵。
	C1	能夠理解大量困難與長篇的文章，並指出隱含的意義；能夠自然流暢表達自己，無需明顯找尋表達用詞。可以在社交、學術、專業方面有效活用語言；針對複雜主題，能夠運用清晰且架構良好、具細節的文本，且能良好掌控組織架構、連結性及緊密性的語言書寫及口語策略。
獨立使用者 (Independent User)	B2	能夠理解複雜的具體及抽象文章主旨，包括在自己專門領域進行技術性討論；能夠相當流暢及即時地與該語言的母語人士進行正常溝通，不會造成彼此的壓力；可以針對廣泛主題，提出清晰且具細節的書面或口語闡述，並且可對於特定議題，提出觀點，分析不同想法的利弊得失。
	B1	能夠理解自己在工作、學校、休閒環境面向等遇到的熟悉事物；能夠處理在該語言使用地區旅遊時各種可能的狀況；也可以對於自己感興趣或熟知的的事物提出簡單的相關資訊；能夠描述經驗、事件、夢境、願望和願景，並能夠簡單地解釋自己的意見或計畫。
基礎使用者 (Basic User)	A2	能理解貼近自己環境中經常被使用的句子或表達方式 (如基本個人和家庭資料、購物、當地地理位置和就業等)；能在簡單且例行性工作上與人溝通，通常只需要簡單而直接的固定及熟悉訊息；另能夠以粗淺的詞語描述自身背景、即時環境及所有即時需要的事務需求。
	A1	能夠理解並運用每天熟悉與基本的語句，滿足具體的需求；能夠介紹自己或他人，也能夠回答、詢問個人資訊細節，如居住地、認識的人事物；能夠在對方緩慢且清晰說話狀況下，以簡單方式進行互動，也能提供協助。

然而不管未來從事哪種工作，需要哪種程度的英語能力，從國小開始，所有雙語學習者必須具備以下三種自學能力：

三種自學、主動學習能力：
（1）自然發音（2）斷句（3）開口模仿

　　培養三種自學能力（自然發音的單字力、朗讀與斷句的閱讀力、從聽到說的口語力），產生語言能力的成就感，這才是激勵孩子把英文學好的最好方法。你不用督促、也不用強迫，當你看到孩子在假日或休閒時刻，拿起英文書在閱讀時，你就可以放心了！

1. **自然發音的單字力**：看到字就會念，會念就會拼，也能夠將聲音與語意結合在一起，然後能夠使用這個單字。如 ham-bur-ger（旁邊有個漢堡圖型），邊念邊結合這個圖型語意即可。

2. **朗讀與斷句的閱讀力**：透過自然發音的單字力，開始朗讀英文文章，看到長的句子能夠將其分割成小單元的句子，這樣不僅容易閱讀，也容易理解語意。比如這麼一個長句，

如何閱讀呢？

Mr. Lin, who lived next to us five years ago, is now running for the mayor in Taipei, with strong support from young generations. 這句話長，不容易一下子搞清楚，可以將其拆解如下：

Mr. Lin, / who lived next to us / five years ago, / is now running for / the mayor in Taipei, / with strong support / from young generations. 每個小單元僅有 2–3 個字，這樣是否很容易理解，不需要翻譯成中文呢？

3. **從聽到說的口語力**：聽到別人說的話，能夠模仿、一句一句的複誦（shadow），最後開口說出，內化成自己的語言！

如：聽到 Hurry up! We are late for class. 只要跟著說，這句話就變成你的。

　　以上從發音單字、閱讀力到口說能力，都是我們孩子必須培養的基本能力，從這個基礎出發，達到 CEFR 所要求的標準，以便配合未來職業工作的發展。這才是我們規劃孩子未來語言需要的能力。記住：不是每個人英文都要一樣的！依照孩子的發展，來規劃所需要的國際溝通力即可！

重點整理

★不是所有的人英文都要很好！我們必須以需求來決定
　孩子的學習！

★雙語學習者必須具備以上三種自學能力：

自然發音 ＞ 斷句 ＞ 開口模仿

Chapter

英語線上教學好嗎？

　　自從 COVID-19 疫情開始，很多學校及教育單位開啟線上學習，喊出「停課不停學」，線上教育開始透過同步與非同步方式展開，不管是教育單位（如 Cool English 或酷課雲）或民間學習網（如學習吧、均一教育平台）等，都湧入大量點閱及流量，Online 學習熱度增強。然而點擊及流量並不表示學習成效，很多學校所謂的線上學習出現了不少怪現象：如學生消失在雲端中，老師也丟些影片或要求學生上現成網站，自己也消失了！我們就來談談英語線上學習的有效性。

線上學習的成效，理想與現實的落差

根據「台灣趨勢研究」發表有關「第三級警戒下學習」報告，《親子天下》在 2021 年 6 月份報導：65.5% 家長認為孩子線上學習成效不佳，也只有 12.6% 高中以上學生認為線上學習成效好，甚至只有 5.4% 家長認為線上學習比實體上課程要好。為何線上學習的裡養與現實有這麼大落差？

《紐約時報》在 2021 年 8 月 21 日一篇報導，指出線上學習對於弱勢學生的／學習成效比同期表現低了 14%–17%，更有研究指出線上學習的學習成效大約只有實體上課的 4 成左右，其原因在於學生容易分心、缺乏動機及家庭背景落差、學校缺乏有效教學模式。

而積極主張線上學習，認為線上學習將改變未來教育模式的學者及專家，卻指出線上學習優於實體學習：主要在於學習資源多元、學生可以有效複習與練習、不受時空限制、師生互動頻繁、培養學生主動學習、思考等。到底線上學習的現況如何？

到底什麼樣的方式才能有效？線上學習有什麼限制性或積極性？

🌸 兩個不同例子

個人以自身線上教學經驗及接近 50 場的線上工作坊，與大家分享線上學習的兩個不同面貌。在上學期某大學的線上課程，以同步方式對 30 幾位同學上課，由於軟體協助，點名非常容易，學生上線高於實體上課，上課資料及投影片都能即時出現在學生螢幕上，隨時點名叫人回答問題，師生互動頻繁，看起來滿理想？可是，一個月下來，總有 1/3 學生有不同理由，無法參與課程討論或互動：網路不穩、鏡頭壞了、麥克風無法運作，任由我叫人總是無法回應。回到前面說的英文工作坊（針對全國英文老師，本國籍及外國籍皆有），經常也出現 "Is anybody there? Are you there?" 的對話，在鏡頭這一端如何喚醒另一頭的學生或學員，成為我最大挑戰，同時，我也無法完全掌控所有課程活動（我很強調做中學的理念，希望學生自己發掘問題）。

這似乎意味著英語學習在線上學習成效不如實體？線上學習只是一種迷思？然而，今年暑假在誠致基金會的贊助下，公辦民營的 4 所國中（新北坪林、花蓮三民、新竹峨眉及雲林樟湖），針對學習弱勢或學習成效低的學生，進行暑期夏令營。由於疫情關係，我們採取線上學習模式，4 週下

來，不但發現學生學習態度改變（每天提早上線，期待上英文課！），且進步令人驚訝（接近七成學生達到七年級學生英語能力，這些學生原本還在與字母與自然發音掙扎！）。

為何這個模式會成功？

以上兩個矛盾現象，令人思考到底什麼樣的線上學習會成功？什麼樣的方式讓學習打折扣？國中的暑期英語營，我引進企業界的**數位教練概念（E-coaching）**，也就是一對一，由大學生帶領國中生學習，先找出每個國中生的學習弱點，再訂出學習目標，以引導方式，教導國中生自然發音、主動去唸不熟悉的單字、句子及短文，並給予閱讀技巧的多重練習（如大聲朗讀、猜字、斷句、簡單問句及回答等），建立這些小朋友的信心與給予主動學習的工具。當然最重要的是：**密集**（每天上線 3 次、每次 30 分鐘、一週 5 天）、一對一（一個大學生輔導一個國中生）及**群體表現**（每週五下午所有大小學伴一起舉辦英文網紅秀）。這些策略運用，加速學生成就感與學習信心，造就這次暑期班的成功經驗。

🏵 線上學習：從教學到學習的模式改變！

　　英語線上學習如果採用非同步方式，缺乏互動與聽講機會，且無法掌握學生上線與主動學習意願，有點「放牛吃草」味道，成效可能有限。而同步方式則較為精準，針對英語學習，強化語言溝通能力，成效佳，其必須能夠：（1）**以輔導學習代替講述**：老師是教練，而非演講者；（2）**密集一對一，以 30 分鐘為一節**：增加聽講練習機會，增加個人互動時間；（3）**做中學**：老師多聽、少講、設計活動及學習單，引導學生主動開口及練習；（4）**採取嬰兒學步方式**：由於透過網路，有時很難把困難的內容一次說完，老師（或輔導者）應採取一個口令、一個動作，如嬰兒學步般，慢慢引導；（5）**訂下每堂課的小目標，強化成就感**：讓學生感到每堂課達到學習目標，每堂課都在進步中！

🏵 線上學習的策略

　　線上學習有其優勢，但絕不是把傳統課程搬到線上或錄製一些教學影片（搭配練習題目或作業），就可以達到學習成效。線上學習必須採取不同策略：以互動及連結（engage）

為主，採取教練模式、增加時間密集度、縮短上課時間、採取小班制（最好是一對一）教學、以學習者為中心、設計線上互動性活動或工作導向。大家可以查看看哪些「線上學習網」可以符合這些運作原理，你或你孩子的線上學習能量無限！

重點整理

密集
每天上線 3 次、
每次 30 分鐘、一週 5 天

**數位教練概念
（E-coaching）**

一對一
一個大學生輔導
一個國中生

群體表現
每週五下午所有大小學伴
一起舉辦英文網紅秀

Chapter

21

進入雙語學校，
如何與老師溝通？

現在台灣不少雙語學校，除了本國老師（英語老師及學科老師），還引進不少外師，桃園市、雲林縣的雙語國小、國中（1/3 課程以全英語上課），每個學校甚至有 3–5 位外師，我們的孩子幾乎每天都會與外師溝通。

過去，我們與本國的老師（如導師、學科老師）溝通，應該都沒有什麼語言的問題與障礙，然而如果未來的老師不會說國語，父母親如何與孩子老師溝通呢？

親師的多元管道溝通形式：
表現關心，不一定要會說英文！

親師的溝通其實有很多形式，語言溝通只是其中一環而言。如果你的英文還可以，建議妳多跟外籍老師溝通，不僅可以免費地練習口說英文，更可以讓你的老師對你孩子更加了解。在雙語學校中，與老師的溝通管道很多：

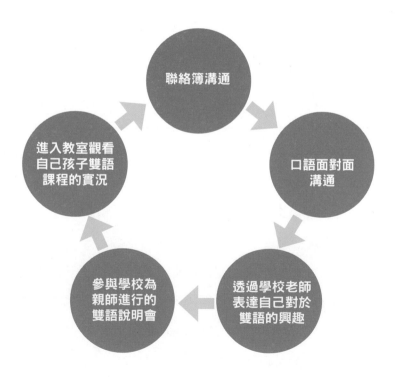

現在不少學校，都在落實 108 課綱精神，開放教室，可以允許他校或本校老師進入雙語教室進行觀課，有些校長也常會邀請家長一起來看看自己孩子在學校上課情形。父母親也可以在適當場合（如親師座談或家長代表會）中，表達支持開放教室的未來教育趨勢。

父母親的參與與學校溝通，絕對是學校教育很大的支持與協助，期望透過雙語教育，我們能落實歐美先進國家，父母親參與孩童學校教育的過程，並了解孩子學習困難，可以適時的關懷與鼓勵，而非任其在學習困難中掙扎。

我兒子小學第一年跟隨我去 UC, Berkely（加州柏克萊大學），我擔任訪問學者及客座教授，而他進入舊金山的小學，這可能是他這輩子最奇特的經驗，也是學習啟蒙艱辛的時刻。但該校歡迎家長參與孩子教育，我有機會進入校園觀察兒子上課，即使他聽不懂英文，但是老師的肢體動作引導，同學在旁帶著做，他似乎很容易融入上課的氛圍。

三位一體的教育社群：
從行政出發──教師、家長、學生

針對雙語教育，我一直期望能建構這種三位一體的教育

關懷體制。從老師、學生到家長，以行政指導為核心，建立雙語教育聯盟，這才是台灣雙語體制的創新與新面貌！我在桃園市、雲林縣及高雄市指導的雙語學校，大抵就是建立這套雙語聯盟，也經常邀請家長參加觀課，並詢問其參與意見，這樣的學校與家長的溝通與互動，就由雙語教育開始。歐美國家的教育研究一直指出，家長與學校的密切溝通，經常是教育實踐計畫的關鍵。

教育社群 **雙語教育在台灣應如此共好：**

Chapter

22

如何協助孩子
度過雙語教育的障礙？

　　父母親愛子心切，關心孩子教育，實在是台灣教育值得
慶幸的地方。進入台灣的雙語教育，父母對孩子學習的焦慮
與成效，更加強烈。無法否認地，每個孩子都有天資的不同、
學習的差異，有人對於數理能力強、有人對於空間理解能力
強、有人對於語言認知能力反應特別好，這也是教育心理學
家加德納（Howard Gardner）於 1983 年提出的「多元智能
理論」，至今對於學習有很大的影響。

僅管天資不同，孩子都能學會兩種以上的語言

誠然，雙語教育中，語言的成份佔的比例較重，對於語言認知強的學生，在雙語教育中，有比較強的優勢。但是，很多國內外研究指出：基本語言學習其實與智能沒有特別大的關係，只有高階的語言學習牽涉到高語言智能的高低，也就是說任何人，不管你的智商如何、語言認知能力如何，都可以習得兩種以上的語言。

當孩子面對雙語教育的挑戰時，父母親應該認清語言並非學習的障礙，儘管孩子對於語言反應較慢或缺乏課外補習，但是學習任何學科，他可能具有的優勢比語言強的孩子更好。以雙語音樂課為例，其實孩子對於音樂的英文術語不熟或很難記下，但是他的音感及對聲音的敏感度，可能就超越那些只會語言的同學。

孩子害怕英文，父母可以怎麼做

因此，在協助孩子面對雙語教育的時候，有時候會有聽不懂或害怕使用英語來溝通的狀況，父母親可以採取以下策

略來協助孩子：

1. **協助孩子理解學校的雙語教育不是英語教育**，只是希望創造更多使用英文的機會，如果跟不上，沒有關係，利用其他的能力（如空間、繪畫、運動、社交）來掌握該學科的能力，這就是多元智能學習的強化。

2. **與孩子共學**：透過學校的雲端教育（很多雙語課程都有錄影、教案、教材）透過這些資料的共享，跟孩子一起學習，告訴他們：我也不會，我跟你一起來學好嗎？

3. **故事引導**：孩子都喜歡聽故事，不管任何學科都有其故事隱藏其中，生活課程有故事；音樂課程有故事如 Mozart 的故事；體育也有故事，如何把球投好，Kobe Bryant 每天早上三點鐘起來投幾千顆球，這些故事都可以在網路上或書店中找到，透過故事引導孩子看英文，從英文中漸漸知道這些英文如何說，透過故事，讓孩子都接觸英文。接觸多了，他自然就可以克服上雙語課程的恐懼。

4. **在家設立英文標示環境**：語言能力運用，隨時存在。處處用英文、時時想英文，孩子漸漸也就能習慣英文與中文的還境。我曾經看過一對父母，把所有家裡的擺設、家具及物品都以英語標示，然後每次要拿東西，都指出那個東西，

要孩子協助拿出，幾個月下來，孩子學會了使用英文表達這些東西。有時上街購物回來後，把東西一一放入冰箱或儲物櫃，也會指著物品的英文標示跟孩子玩遊戲。即使他的孩子對英文並不感興趣，但是這種親子互動時間與模式，就是協助孩子度過雙語教育障礙最好的方式與策略。

父母的心，引導孩子走向雙語教育

當然，很多父母親說：我的英文不好，無法引導孩子！其實這都是藉口，現在網路那麼發達，Google 的查詢、AI 語言協助、ChatGPT 的導入，讓這些父母親與孩子共學的機會更多。這其實最大的癥結點在於：父母親是否有心！願意為孩子的雙語教育貢獻一份心力，不管你的英文是否很好，當孩子看著父母親一起下海來協助雙語教育，這就是成功的第一步。

重點整理

★基本語言學習其實與智能沒有特別大的關係，不管你的智商如何、語言認知能力如何，都可以習得兩種以上的語言。

★父母親可以採取的策略：協助孩子理解學校的雙語教育、與孩子共學、故事引導、在家設立英文標示環境。

★不管你的英文是否很好，當孩子看著父母親一起下海來協助雙語教育，這就是成功的第一步。

Part 4

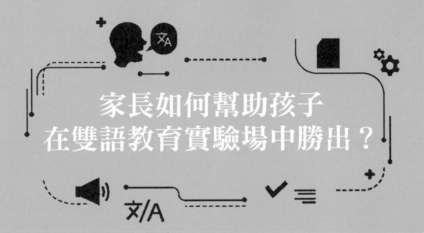

家長如何幫助孩子
在雙語教育實驗場中勝出？

Chapter

23

我的孩子從小學三語：
英語、日語、阿拉伯語！

　　我一直強調孩子是語言學習的天才，不少國家都把外語學習當成從小教育的基礎（literacy）。從小，我就幫兒子打下堅強的外語能力基礎：從台語、國語到英語、日語、阿拉伯語，一共掌握了五種語言的運用。

　　當然不是每個語言能力都相當，而是依照這個外語對未來發展的影響來決定這個語言能力要達到什麼地步。

✿ 設定孩子未來的發展

幫孩子設定語言能力是種前瞻規劃（foresight），所謂前瞻規劃就是具備以下四個步驟：

職涯願景	資源盤點	路徑規劃	決心
・未來孩子要如何使用英文？ ・成為什麼樣的人才？	・我有多少資源可以給孩子？ ・孩子願意學習什麼？ ・我每月可以有多少費用提供孩子學英文或其他外語？	・如何幫孩子提昇英語能力？ ・家教、網路學習、補習、出國、密集訓練。	・任何語言必須持續學習7年以上（7年法則）。 ・必須訂定目標，不能中斷！

從小，我為兒子設立了一個未來人生發展的藍圖：**成為國際人才（金融或科技）！**

從這個職涯願景出發，未來 20 年，我需要給他規劃什麼樣的學習歷程？我從語言管理的概念出發，設定了外語學習的歷程與多元性。這種外語的規劃，大約是我擔任政治大學英文系主任及外語學院院長開始，我參考了歐盟及其他國

家對於孩子語言能力的願境與政策規劃。

國際的語言人才規劃趨勢

歐盟在 2005 年針對多語言政策發表了 *A New Framework Strategy for Multilingualism*。對於歐盟的會員國來說，語言的多重性是其必須解決的文化與政治議題。為了消除彼此之間的歧異與容納彼此之間的差異，其委員會提出了多語言主義（multilingualism）。其基本主張是來自對歐盟本質的認知，認為歐盟是個多元的整合個體 "unity in diversity: diversity of cultures, customs and beliefs—and of languages"，他們認定了 23 種歐盟官方語言，並且訂定了多項多語言推行政策，以在學習初期教授至少兩種外語為其目標（at least two foreign languages to be taught from a very early age），並希望其會員國的居民都能運用至少一種外語與他國人民溝通。這樣的目標其實在歐陸很多已開發國家，不難達到。但以數據來看，英國是在所有的歐盟國家中，表現算是較差的，只有30%的英國人會說外語。表現最好的是盧森堡人，有超過99％會說母語以外的語言。

針對歐盟的多元語言政策，英國的教育部門

（Department for Education and Skills）於 2002 年推出了全
國語言策略（National Languages Strategy），訂出了未來語
言的學習策略，其不僅針對小學、中學、大學，甚至於涵蓋
社會人士的終身學習，其檢驗年限訂在 2010 年。英國小學
必須介紹外語學習及文化，要求小學的高年級（Key Stage
2）必須學習一個外國語及接觸他國文化，主要以德文、法
文、西班牙文為主。在進入中學後，繼續加強其外語學習並
與其未來課程及專業學習結合。這些語言學習的策略也包括
課程設計、教師訓練引進及國際接軌（International Links）
的計劃（如 Anglo-German, Anglo-Russian, Anglo-Japanese,
Anglo-Chinese, Anglo-French 等計畫）。此外此全國性計畫
也規劃所謂語言階梯（Language Ladder）配合現存的全國語
言標準及歐盟的共同語言架構，訂定個人學習的外語能力指
標。劍橋大學的地方考試中心（The University of Cambridge
Local Examinations Syndicate）將提供此項能力檢定的測
驗。除此之外，此項政策還設計了對社會人士終身學習的外
語 計 畫（Progress on Implementing the National Languages
Strategy）。

🌸 我的實際作法、方案、步驟

　　依據以上的一些想法與國際作法，我大約分析了一下全世界語言使用的層面，得到英語、日語及阿拉伯語三種語言，成為我兒子未來就業及就學一個很重要的語言工具。當然台語及國語，仍然是他必須具備的基本能力。台語從家裡開始、從看台語連續劇開始，進行日常生活的口語溝通能力練習；國語當然是學校教育使用語言，不需我煩惱。針對三種外語，我以逐年實施及累進的方式進行：小一英語、小三日語、小四阿拉伯語，然後這三種語言都持續到高三，力行我的 7 年法則，也就是學習任何技能，依據國外的研究，必須持續 7 年，才能有所內化，而 10 年以上，則是精熟的必經時間。對於這三種語言能力，我設計了不同的能力指標：

英語：溝通能力達到歐盟 CEFR C1 以上水準 （時間：超過 10 年）

日語：溝通能力達到歐盟 CEFR B1 以上水準（時間：7 年法則）

阿拉伯語：溝通能力達到歐盟 CEFR B1 以上水準（時間：7 年法則）

針對這三種語言，我採取不同策略：

英語學習：家教＋英語學習中心。

日語學習：邀約其他家長加入，三人成班，聘請東京大學來
　　　　　台交換生家教。

阿拉伯語學習：一對一家教，聘請來自阿拉伯國家的交換生
　　　　　　　到家教學。

如何讓孩子願意學習外語？

當然很多家長對於孩子的語言學習，充滿焦慮感：什麼時候開始學？越早越好嗎？要找外國母語老師嗎？這樣發音比較準？小孩去上美語補習班，長大英文就很好嗎？面對外來競爭，我家小孩到底需要什麼樣的英文能力？像我這樣的三種外語學習，孩子受得了嗎？我以學習英語為例，提出一些不同於學校的教學模式，供各位父母親參考，未來選擇補習班或家教，可以拿出以下我說的方式，要求老師或家教，依照這個方法來教導孩子學習外語，孩子可以很喜歡學習，也不會造成壓力。

請依照以下步驟，思考孩子學習英語的問題及方式！

（範例說明：以英語學習為範例，其他外語學習可以比照辦理。）

1. 語言學習的問題：想單字、找文法規則，讓我們腦子卡住了！

　　我們學習英文的方式是否有些問題？很多人歸罪在基礎沒有打好：單字不夠多、文法不夠熟練。真是如此嗎？

　　一直學、一直忘，這是怎麼回事？我們從基礎談起好了！

　　語言學習最重要的是溝通，如何與說英語的人（不一定是英美人士，也可能是法國人、義大利人或韓國人）溝通，這才是最重要的。然而過去（可能也是現在）英語學習，一直停留在背單字及學文法，但是單字、文法沒有內化、也沒有實際應用，如何能夠派上用場？一遇到外國人，腦子想的是中文、一邊找英文單字、一邊想文法怎麼用，整個腦子就卡住了。

2. 語言學習的本質：從溝通開始、從聽故事開始

　　學英文不用那麼辛苦，最好的方法是回到語言學習的本

質：溝通。所謂溝通就是能夠跟外國人說說話、寫寫簡單的簡訊，這不就夠了嗎？因此，學英文要從聲音著手，任何外語的字詞發音跟我們中文不同，**先要學會發音：看到字就會念、會念就會拼**。即使不會拼，透過腦部運作，我們能夠發出那個字的聲音就可以，也就是學任何外語，**一定要從聲音開始，不會發音或念，一切都免談**！看到狗，就會說 dog；需要湯匙，就說 spoon；跟麥當勞的服務人員要吸管，就說 I need a straw. 這就是溝通的開始。從聲音入門，不用背單字、也不用搞文法。「你想要什麼」就是：I need _____.「問別人有什麼」就是：Do you have _____? 這樣就是開始學習英語了。這樣的學習比較接近我們學習母語的概念，不用思考，就是開口。

這種學習方式，適合小孩子。小孩子不會問為什麼，大人或家長一直執著於文法與語法結構，這是不對的。任何語言除了單字發音外，另外就是字的次序（word order），你只要字的次序排列對了，別人都聽得懂。中文跟英文字句大致一樣，都是說話者（人）放在第一個（我、你、他／她），然後動作跟在後面（listen to, go, buy, have），這樣子排列，大抵可以跟別人溝通，中文跟英文最大的差異可能在時態：現在、過去與未來。這種區別，需要常常練習即可。如果剛

剛開始不行，那就一律使用「現在」的形式！

3. 學習外語沒有關鍵期，只有敏感期！任何時間都可以學好外語！

　　剛剛提到小孩子學習語言，不會問為什麼，那麼小孩子學習語言是否比較簡單？是的，過去我們認為小孩越早學習外語越好。沒錯，小孩子在 8 歲之前，是語言學習的「敏感期」，不是關鍵期！

　　但並不表示 8 歲之後，就無法把英文學會，只是方法不同，比較辛苦！根據研究，任何時間都可以把一個外語學會，我個人就曾教過一個 50 幾歲的美國人中文，也教過一個 80 多歲的長者英文，在密集學習之下，他們在短短幾個月都能學會簡單的溝通能力。

　　是的，密集是個關鍵，語言學習需要密集、持續，如果沒有強化使用機會，學了 50 分鐘，然後再經過幾天（幾千分鐘）把它忘記，你永遠學不會。這就是台灣英語教育問題。我們在小學排一、二節英語課程（每節 40 分鐘），然後幾天後回來，學生全忘了，大家重新再來。家長只能送補習班或在家裡督促閱讀、大量練習，下次上課才不會忘記。這就是

為何台灣小孩子的英文學習都是在課外完成，只靠學校的課程排法（一週一節或兩節），除非是毅力堅強孩子，回家自己練習，要不然不補習，根本不可能學會英文的。這是誰的錯？不是老師，也不是學生，而是制度及課程出了問題！

4. 小孩用全腦學習語言，他們都是語言學習天才

小孩子在 8 歲之前是語言學習的天才，他們使用左腦、右腦同時進行學習（不像大人在長大後，大抵使用左腦學習語言：思考、邏輯），他們對於聲音的敏感度，比我們大人強，而且也不會去問為什麼，這樣一些英文字詞，透過不斷輸入，就可以內化成腦子的聲音，他們很快可以去模仿聲音及句子。例如告訴他：Where do you live? I live in Tainan. 他們就可以用同樣的句子去問別人。 What food do you like? I like beef or I like _____ (chicken, pork, fish, etc).

5. 密集學習＋長期不間斷，這才是「學會」英文的兩大關鍵

不斷地口語練習、不斷地去看故事書來進行朗讀練習，

23
Chapter

就是小孩子最好的語言學習模式。我之前在我兒子小一的時候，每天晚上 8 點睡覺時間一到，就唸英文繪本故事書，有時候我兒子會抬頭問一下某個單字或某一段什麼意思，就這樣聽一聽就睡著了。每天不間斷，持續唸了兩年（故事也會重複一直說，小孩子幾乎聽不膩！），奠定他學習英文的基礎：從聽故事書開始，我一直講 dinosaur 的故事，聽久了、看著繪本上的恐龍圖片，這個字印在他腦子裡，也不用翻譯成恐龍了。Dinosaur plays in the park. Dinosaur goes to school. 這些用語透過十幾遍的聽說，幾個月後，我要他唸給我聽，他竟然可以慢慢地找到字唸給我聽！這就是小孩最好的學習方式。

6. 開啟精采的英文學習之旅：找繪本故事書、自己或找人唸故事書給孩子聽！

如果家長自己無法唸繪本故事，那就找個家教吧！或找大哥哥、大姊姊或跟學校商量一下，課後大家一起找人說故事、聽故事，然後小孩一起朗讀故事！當然最重要的是密集及持續。

7. 如何持續：有趣、家長的堅持

對於小孩子來說，聽故事書或說故事，可能才是持續的重要動力，不是學英文，而是聽故事，小學聽繪本、國中聽《巧克力冒險工廠》、高中聽偵探故事或浪漫愛情故事。我講了兩年故事後，接著就找了個大學生，每週六早上幫我兒子說故事、講故事，到後來他開始寫故事大綱、也開始自己寫故事，不用教文法、不用背單字。從國小到高中三年，不間斷地持續 12 年，每週兩小時，即使在段考期間，也不中斷（過年期間，休息一週）！他的英文就這樣練出來。國中的英文考試都是滿分，大學入學考試只錯了一題選擇題。這就是他學英文的旅程。我不少同事都依照我這個方法，讓自己小孩練出一身這樣的武功，現在我們也將此方法推展到不少偏鄉學校：聽故事、閱讀故事書！連偏鄉小孩子都很喜歡，不用再背單字、記枯燥文法規則！

好好創造一個以溝通為本質，以聽說為基礎的閱讀課程，這樣就可以開啟你們家孩子精采且不枯燥的英文學習之旅。

以上的英語學習之旅，我也應用在孩子日語、阿拉伯語

學習上，從聲音開始、從唸故事書開始、持續、不間斷的學習，即使碰到學校段考，我也堅持每週都一定讓兒子上英語、日語、阿拉伯語：星期三下午及星期六早上（英語時間）；星期六下午（日語時間）；星期天早上（阿拉伯語時間），每次兩小時，持續 7 年！這就是孩子語言學習成功的重要關鍵：有趣、持續、堅持！

重點整理

★ 學英文不用那麼辛苦，最好的方法是回到語言學習的本質：溝通。

★ 學英文要從聲音著手，先要學會發音：看到字就會念、會念就會拼。

★ 密集學習＋長期不間斷，是「學會」英文的兩大關鍵。

★ 對於小孩子來說，聽故事書或說故事，才是持續的重要動力，不是學英文，而是聽故事。

★ 語言學習成功的重要關鍵：有趣、持續、堅持！

Chapter

24

孩子掌握了雙語，
未來能念什麼科系？

　　在現今國界越來越模糊、文化越來越多元的環境下，多元的語言政策可能是下一波的國家競爭力的表徵。即使如英美強勢語言的國家，最近幾年來也開始在其基礎教育下注入第二語言的學習與外國文化的教育，教育下一代，多元語言的競爭優勢與未來前景，關係到國家安全與族群的維繫。

　　反觀台灣在外語政策上，缺乏一整套戰略思維，語言政策落入意識形態之爭，以語言做為主體認同的工具，陷入國族語言的狹隘思維。而所謂的英語政策經常配合政治議題操

作或成為地方政府的選舉籌碼，並非以教育或文化的觀點來規劃，更是令人憂心。而外語的單一化（以英語為主要的或是唯一的學習語言），也是未來多元文化失衡的隱憂。英國的多語政策從小學著手，延伸到社會的終身教育，利用網路科技的優勢，積極培養種子教師，並且與國際合作，這些積極的作法都可以當作我們規劃多元外語的參考。

從語言出發，畫出孩子未來的藍圖

作為國際競爭的一員，我們有機會成為未來強勢語言（中文）的母語國家，台灣在基礎的紮根工作必須儘早做起。訂定一個遠程的目標（如孩子在大學畢業時候，具備雙語＋專業），依照遠景來規劃這 15-20 年的孩子語言教育的願景工程，培養孩子成為未來台灣國際化人才或具國際觀的公民。

這是我在 2004 年當政大外語學院院長時，幫所有學生規劃的藍圖，也是我兒子在國小時代，我幫他畫出的藍圖：

英語＋第二外語＋專業（金融、商務、科技、新聞媒體、社會學門、人文藝術、科技農業、理工等）

依照以上的公式，你的孩子應該在高中或大學一年級的時候，英文能力大致上可以達到 B1-B2 水準，然後在大學畢業前達到 C1 以上水準。接下去，可以在任何時期選修第二外語（當然越早越好，如果從小學或國中時期開始更好），在大學選修科系的時候，以外語當工具，選擇全英語上課的科系或大學（一般以國際就業取向的大學，大都會開設全英語授課的課程，所謂 EMI 課程）。

英文很好，然後呢？

大家可能要問，我英文很好，不是應該上英文系嗎？這個觀念有待釐清！除非你真的想從事以英文為專業的工作如英文老師（含教授）、英文翻譯、英語產業的工作者（如英文編輯、英語補習班等）、文學研究、語言學研究等工作，這是以「英文」當專業的職涯發展。如果不是，對孩子來說，英文只是一種工具，是獲得知識及成為國際人才的一個基本且必要的條件。

我一直鼓勵英文很好的孩子，不要去念英文系，除非你特別對以上工作很有興趣、對英美文學很有興趣，要不然你需要一個專長來強化你英語能力的優勢。我舉我兒子的選擇

為例：經過 6 年小學、3 年國中、3 年高中的全英語訓練（外籍老師家教），12 年的英語訓練，面臨大學選科系的時候，我兒子的英文已經很好了。他的英文能力大致如下：（1）與外國人溝通沒有問題；（2）獨立閱讀英文小說如：《哈利波特》、《傲慢與偏見》、《頑童歷險記》等；（3）自己上網看、聽 NBA 的球評；（4）撰寫一篇超過 500 字的文章，用詞遣字非常流暢，沒有文法錯誤。但要聲明：我兒子是不知道一些文法術語的（如：分詞構句、現在完成式、人稱代名詞等），他的英文句型觀念，完全來自大量的閱讀，而非文法知識的學習。

✿ 多元的選擇：
從基礎學科到應用學科、從大學到研究所

回到大學選科系的時候，我給他兩個條件，一是不要念政大（因為我在政大任教，不希望他在學校承受一些壓力）、二是不能選外語科系。在這兩個基礎上，我兒子選擇理工科系，之後大學進入理工科系，然後研究所選擇商學院，也就是這種跨領域的選擇，希望開拓孩子多元思維與多元就業的可能性。

多元化及跨領域是未來人才的趨勢，在此，建議所有父母親，首先在孩子越小的時候，強化其語言能力（國語、台語或客家語或其他母語、英語），然後在孩子選擇大學時，從基礎學科（如物理、電機、數學、經濟等）念起，到了研究所可以跨領域去選擇未來有發展或自己有興趣的學科，這樣具備高階外語能力、基礎科學、專業領域三項專長，不僅在認知能力、解決問題能力、思考判斷力、國際溝通力具備深厚基礎，在專業上也能夠不斷地跟上時代及科技發展，這就是你為孩子創造一個無限可能的未來！

跨領域選自己
的興趣

穩固基礎
學科

強化語言
能力

重點整理

★多元的語言政策可能是下一波的國家競爭力的表徵。

★英文只是一種工具，是獲得知識及成為國際人才的一個基本且必要的條件。

★多元化及跨領域是未來人才的趨勢。

★建議所有父母，在孩子越小的時候強化其語言能力，等孩子選擇大學時從基礎學科唸起，研究所則跨領域選擇未來有發展或自己有興趣的學科。

★孩子若能具備高階外語能力、基礎科學、專業領域三項專長，未來將有無限可能！

Chapter

25

對英語沒興趣的孩子，
如何提升他的成就感？

多數家長擔心孩子英文能力不如人，從小送孩子到雙語幼稚園或英語補習班，回到家就一直問學得如何？督促小孩讀英文、寫作業，或甚至到書局（如敦煌書局）買一些繪本或故事書，希望小孩好好讀、好好學。常常告訴自己孩子，英文對未來有多重要！

逼孩子學英文，你痛苦、他也痛苦

然而，有時發現自己心血白費了。孩子應付你一下，

長大後，進入國中、高中，英文也沒什麼進步？到國外碰到需要英文溝通時候，好像也不怎麼積極，有些甚至明白告訴你：「我不喜歡上英文課！」做父母的一片苦心，孩子無法體會。到後來，只能堅持、再堅持！我也看過不少父母親為了學英文，跟孩子吵起來，最後就放棄了。

台灣都會地區的父母親，即使不是有錢人家，大概很少不送孩子學英文（去安親班、補習班或請家教），然而從國中及高中入學考試，或到了大學，基於我個人過去研究，台灣學生英文學習的成功率（有能力讀原文書或上全英文授課的學生）大約不到兩成，到底從學校教育到校外補習成效，跑去哪裡了呢？

為何孩子缺乏學習語言的習慣？

主要原因，在於我們小孩沒有培養「主動學習」的習慣。英文能力的增強及活用，不能只看老師教學，沒有學生學習這一環，沒有學習這個階段，整個能力養成的過程不會完成的。當我們老師教孩子閱讀或以英文溝通，孩子要是沒有內化或自我培養學習習慣，勉強拖著孩子走，這樣一定不會成功的。

從很多實例來看，很多英文能力強的小孩，大都是自己喜歡學習英文，自己主動看英文小說或上網看外國影片、找機會練習英文。難道主動學習是個性使然，無法培養嗎？

✿ 喜歡學習英語的兩大原因：
喜歡老師、成就感！

我一直強調，孩子是學習語言的天才，從小沒有人學不會語言的，每個人都可以學習兩種以上語言！

然而為何在「關鍵時期」有些人放棄？有些人繼續呢？主要是：學習習慣未養成。

孩子會主動持續學習英文，依照研究，大抵有兩個原因：一是他喜歡教他的老師、二是他產生學習成就感。

喜歡老師（可能是學校、安親班、家教或父母親本人），他覺得跟他們一起學英文很喜悅、也喜歡跟這些老師或父母相處：如學校老師關心他、對他很好；大哥哥大姐姐家教，教學的時候，很懂他在想什麼；他喜歡跟父母親相處（不是為了學英文，而是希望跟爸媽好好在一起的感覺）；安親班（或補習班）老師知道他學習的困難（如單字背不下來、自然發音沒學好），能夠好好、耐心指導他，而不是一直要考

試！跟自己喜歡的人學習是個很重要的因素。好好挑選帶孩子入門的老師，非常關鍵！

什麼是語言學習成就感？

然而，喜歡只是第一步，如果孩子在學習一個階段後，沒有進步、沒有成就感，那這種喜歡與親切感也會漸漸消退，學習變得索然無味。

培養成就感是讓孩子日後能夠自學及激發學習興趣的第二個關鍵。前一陣子幫 70 幾個英語學習落後孩子規劃暑期密集班，在結訓的時候，我們希望小孩用 30 秒說出自己這四個星期學習感想時，讓我很驚訝的是，每個孩子都說：「我自己會念英文了，我不需要靠老師幫忙，我自己會念了、看得懂了。」那種喜悅，讓我感動。

不錯，孩子能夠自己會念，透過自然發音，看到任何英文字，自己都念得出來，然後也會透過「斷句」（如 I like to / ride a bike / to the park / on Sunday.），一點一點唸出來，即使碰到不會的單字，也可以從自然發音，找到發音訣竅，也可以從上下文來找答案、猜語意：如 bike 是腳踏車，所以 ride 就是「騎」的意思；to the park 就是去公園（看課本或

繪本圖片猜出來）on Sunday，大概就是星期日吧，因為公園有很多人，不用上班的日子啊！這樣自己能夠念出來，也能夠知道意思，有多麼喜悅，這就是自我學習的開始啊！

當孩子開始體會學習喜悅，從看故事書開始，看自己喜歡的內容（可能是電玩、時尚、科技新知、運動等），主動開始翻閱、主動上網找資料、主動要去補習班、安親班、書局，接觸英文，那就是啟動自主學習的契機，也是孩子學習英文成功的第一步。絕對不要逼孩子死背單字、熟悉文法規則、準備學校考試，那都是一種強迫、被動學習，絕對不會長久，而且也絕對扼殺孩子學習語言的樂趣與動力。

考試怎麼辦？

你可能會懷疑，學校段考、成績怎麼辦？國中會考、大學學測考試怎麼辦？其實，只要孩子主動學習、有興趣讀英文，這些考試，短期內或許沒有很大進展，不用擔心。很多學校段考都是在考一些沒用、瑣碎的文法資訊，對以「素養」導向的國中會考及大學學測，反而沒有幫助。大量閱讀（到書局買英文故事書、科普雜誌、上網找英文資料）、主動上網聽英文（國中聽簡單資訊或報導、高中聽 TED Talk），未

來入學考試成績都是很亮眼的。我兒子就是很明顯例子，他從來不看學校課本，只看自己喜歡的故事書、小說，上網看NBA、BBC新聞，國中、大學入學考試成績都很好，連學校段考也難不倒他。他周遭英文好的同學也都是如此，反而死背單字、死記文法的人，每次學英文對他們都是一種折磨。

重點整理

★孩子需要培養「主動學習」的習慣。

★喜歡學習英語的兩大原因：喜歡老師、成就感。好好挑選帶孩子入門的老師，非常關鍵！

★絕對不要逼孩子死背單字、熟悉文法規則、準備學校考試，那都是一種強迫、被動學習，絕對不會長久。

★當孩子開始體會學習的喜悅，開始主動接觸英文，就是啟動自主學習的契機。

★只要孩子大量閱讀、主動上網聽英文，未來入學考試成績都是很亮眼的。

Chapter

英語檢定考試
可以取代入學考試嗎？

英檢取代入學考試，妥嗎？

　　前一陣子，總統與高中生對談，提到入學考試一試定終身，對很多孩子來說，壓力頗大，是否能夠採取語言能力檢定方式，看看孩子英文程度，是否能夠準備唸高中、大學，而且這些考試也可以多次參加，多考幾次，以最好的一次成績，未來可以用在很多地方：如抵免一些英文課程或不同入學測驗（統測、學測、指考、國家考試、學校英文抵免測驗

等），甚至未來就業都可以派上用場。

我個人很支持總統的這些想法，即使有些配套措施還需要考量（如測驗費用的分擔及偏鄉地區不利參加這些英檢考試），但這些技術問題，其實只要有經費都可以解決。英文考試的關鍵點並不在於省事、省力、或解決一試定終生的問題。我覺得根本問題，回到「為何要學英文」，進而討論學了英文，「能用嗎」？英檢如果可以回答這些問題，這才是我支持總統英語能力檢定的政策與概念。

英文考試考什麼：成就？能力？

一般評量考試分成「成就測驗」與「能力測驗」（也有語言性向測驗，但台灣幾乎沒有採用過），以英文為例，所謂成就測驗就是學校一般小考或段考，教什麼考什麼，考驗老師教的是否學會了。

而能力測驗則是來檢驗學習者是否具備這個語言的使用能力。舉例說明，學校的段考考學生過去式用法，告訴他們 My father took a walk to the park last night and found a lot of garbage there. 這裡 take 要用過去式 took; find 的過去式要改成 found，這些都是老師出小考或段考，希望學生會的、也

會挑選正確答案。可是在真實對話情境或書寫情境時，學生換了個場景，他會「用」嗎？這是能力測驗要評量的，是否能夠將所學放在真實英文環境中使用，如果不行，即使成就測驗考一百分，在真實生活上，根本忘了英文過去時態用法：在開會或與外國人對話，他問你：What did you do last night? 你會記得說：I studied math for two hours and was ready for next day's quiz. 還是一慌就說：I take a walk last night. 完全忘了過去式？是否能將過去式概念移轉到不同場景呢？還是只有考試選對答案，真實場景說不出來？

能力測驗可以評量學生有無能力轉換這些所學、內化這些所學到生活溝通上，所以，能力測驗才是真正評量學生語言能力的基礎。

學校的成就測驗，
能夠知道孩子真正英語使用的能力嗎？

我們過去一直強調文法正確性，尤其在成就測驗上，以語言知識為主要考試內容，而能力測驗則強調學生「能夠使用」語言能力的真實實力。這也是為何透過標準化英文測驗可以真正評量學生的「真實語言能力」。

現在我們國中會考及大學學測、指考也都走此能力測驗的出題路線，然而，每年出題，測驗難度、效度及鑑別度都無法標準化、也很難達到一致性與公平性，我們需要一套能力指標為主的標準化測驗（如以歐盟的 A1 到 C2 的能力指標的測驗工具），這樣學生只要考過一個階段，就表示他達到某種語言能力，可以真正使用英文（聽說讀寫的綜合使用能力），也可以上高中、上大學了、進入社會職場了，這不是很棒嗎？總統的政策方向是對的，但是很多人都誤解了，教育及入學考試單位也缺乏配套措施及一套完整策略，才會引起質疑。

孩子需要參加英檢嗎？

我個人對於孩子不要不去參加這種標準化測驗，不管是全民英檢、多益、托福、雅思等國內外測驗，並無偏好。不過孩子要去報名英檢考試，需要考量兩點：一是去參加考試的功能是什麼？到底有什麼用？二是這些考試是否能夠真正讓我知道我的能力到什麼地步，未來我如何使用這些考試來增強我的能力？

第一點要考量的是孩子考試要做什麼？如果是小學生，

可能要看看學了那麼多年的英文，到底達到什麼程度？有如游泳訓練一樣，我是否可以游個 50 公尺？

英檢考試絕對不是拿來給補習班或學校來炫耀自己的英文教學成效（貼個紅布條來招生），英檢考試對小學生、國中生來說，重要的是指導他如何強化自己能力（如聽、說、讀、寫的綜合能力），是否能夠應付閱讀英文書籍，或與外籍人士溝通能力？這是對自己能力的檢定與挑戰，不是來給學校或補習班刷存在感或炫耀用的。階段性檢驗自己能力，才是國小、國中學生參加英檢的重要功能，不在於那張證書，而在肯定自己學習的能力，看得懂、會說英語，達到某種程度的標準能力，有成就感，就有學習的動機與動能！

對於高中生、大學生，英檢功能對於未來就學、就業就有實質幫助，不少大學商學院、高科技學院，希望招募具有國際語言能力的學生，未來他們課程很多以全英語授課或具備國外雙聯學制規劃，可能出國進修要托福或雅思成績才能進入國外雙聯學制，能夠在高中及大學就有這些證照，對於就學絕對是加分。即使畢業後，找工作，在跨國公司或國內大型公司來說，這些國際認可的英語證照，就是一張基本的就業入門卡。這些公司大概不會認定大學學測的幾級分代表什麼意義吧？

第二點，這些標準化考試是否能夠確實檢驗出自己能力到什麼水準，該唸哪個科系或從事什麼工作？很多大學及公司對於自己要招募的學生都訂定了入學與就業門檻，如果早點拿到這些證照，也就能夠知道自己未來國際能力為何，是否能夠勝任這些工作或是進入這個學校。現在不管是國中會考或是大學考試，都未能標準化，也未訂定能力指標，只是一種篩選測驗，很難讓你知道自己的能力是否達到 B1（一般入學或工作的基本要求）、B2（中、高階學校及公司主管的要求、或 C1（溝通、談判）以上水準，對於入學及找工作都很有幫助，只要考過了，通常在幾年內都可以使用。有些學校（高中、大學）甚至規定達到 B2 以上學生，都可以不用上英文課，多出、挪出的時間可以加強自己專業能力（數理、科技、財富、金融等專業）。

如何以正確態度去面對英語檢定考試！

　　英文考試或評量並不在於考幾分，考第幾名，而是真實評量自己英文能力到什麼水準，如果經濟許可（或透過政府全面補助），孩子都可以輕鬆、定期去檢驗自己英文能力，階段性挑戰自己的能力，然後定位自己未來就學與就業的可

能性。

家長協助孩子參加英檢，要有正確觀念，不是要學生考多高分或通過什麼證照來證明自己的錢沒有白花，而是看看自己孩子語言學習的方向對不對、能力到什麼地步、哪裡需要加強，對於未來就學、就業，可以在哪個地方強化。英檢考試是對自己學習的肯定，也是對未來就學、就業的定位參考。

學校應該改變一下英語測驗的方式： 引入標準化能力測驗觀念！

說實在的，我們現在學校一些成就測驗也應該開始調整方向，在期末或是某個階段，以能力測驗（非成就測驗）來檢驗一下學生真正「使用」英文能力，而不是一直評量上課老師教授的僵化語言知識，用正確性作為唯一標準的成就測驗。學生真正能用英文才是英文學習的目標，國內外認可的標準化測驗，也可以是英文評量考試的重要依據，把學習能力放在學生身上，把經費放在學生身上，才是提升學生具備英文實用能力的重要英語文教育工程！

重點整理

★能力測驗強調學生「能夠使用」語言能力的真實實力。

★報名英檢考試需要考量兩點：一是去參加考試的功能是什麼？二是考試是否能夠真正讓我知道我的能力到哪裡？

★英文考試的目的，是為了真實評量自己英文能力，是對自己學習的肯定，也是對未來就學、就業的定位參考。

★把學習能力放在學生身上，把經費放在學生身上，才是提升學生具備英文實用能力的重要英語文教育工程。

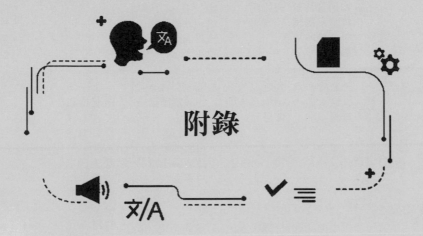

附錄

附錄一　我兒子的多語文學習歷程

年級＼語文	中文	台語	英文	日文	阿拉伯文
5–6歲	在美國，在家學習注音符號及閱讀中文繪本故事書。	從出生開始與奶奶以台語溝通。	一年級進入舊金山一所小學就讀。此段時間，持續閱讀床邊故事（每天一小時）。		
7–9歲	回台後，進入政大附小就讀。	觀看台語連續劇及卡通節目。	1. 參加外籍老師的故事閱讀課程。 2. 聘請英文為母語的學生，每週兩小時的故事閱讀（全程以英文上課）。	1. 小學三年級開始日文課，課程以溝通為主。 2. 聘請日本交換生至家裡教學。	
10–11歲	持續閱讀課外之中文故事書。	持續與家人以台語溝通。	1. 聘請英文為母語的學生，每週兩小時的故事閱讀（全程以英文上課）。 2. 每週閱讀英文小說閱讀。 3. 上網觀看NBA及美國電視節目。	3. 教材多元化，涵蓋漫畫、新聞、趣味性文章及短篇故事。 4. 日文課程持續至18歲。	1. 小學四年級開始學阿拉伯文，課程從字母書寫開始，以溝通為主。 2. 聘請阿拉伯國家交換生及政大阿文系學生至家裡教學 3. 教材多元化，涵蓋漫畫、新聞、趣味性文章及短篇故事。 4. 阿拉伯文課程持續至18歲。
12–15歲	閱讀金庸武俠小說及中國古典小說。	參加台語演講比賽。			
16–18歲	課外閱讀相關雜誌與當代知識性書籍。	持續與家人以台語溝通。			

年級 語文	中文	台語	英文	日文	阿拉伯文
18歲（至大學畢業、研究所）	訂閱相關雜誌及閱讀專長相關的書籍。		1. 選修外文系當輔系。 2. 參加Toastmaster英語演講社團。 3. 至加拿大UBC大學，選修商學課程。 4. 大學選修全英語授課。 5. 通過各項英文檢定考試（全民英檢、多益、托福），最後達到C2英語能力。	參加日本交換學生社團。	

附錄二 0-18歲在家雙語自學進度表

	年紀	中文	母語
學齡前	2–4 歲	聽、說、識字 （幼兒讀物、聽、講、識讀練習）。	聽、說為主（以周遭物品、生活指令等）。
	5–6 歲	1. 閱讀繪本，並能講述故事。 2. 開始認識注音符號。	家中日常對話（含生活物品及生活要求）。

英文			
發音、朗讀、閱讀理解、簡單口說及對話、簡單書寫、多元文化認識			
1. 聽、看英文發音之卡通影片。 2. 聽英文兒歌，並模仿音樂節奏或唱出。	1. 進行自然發音教學（以字卡方式，帶領孩子念出字母的發音（letter sound，如 a 在 apple 的發音）。	1. 每天以簡單英文唸床篇故事（可以參考本書附錄），以圖片說明其故事，故事可以分段念完，如一週唸完一篇三隻小豬的故事。 2. 如自己對以英文唸故事書沒有把握，可與孩子一起聽隨書附贈的錄音內容或卜網找相關的故事書的影片。 3. 可針對故事內容、搭配圖片，進行簡單中文說明，但盡量不要逐字翻譯。 4. 同樣故事可以反覆多次，最後一次教導孩子 read aloud（大聲朗讀）。	1. 以繪本故事書，帶領孩子接觸不同文化及認識動物、自然及生態等多元文化內涵，繪本閱讀過程中，可以使用中文解釋書中角色的行為。
1. 進行一些 CVC 小書的練習（網路或一般兒童英文書店均可購買或下載）。	1. 熟悉自然發音，已經能夠獨立唸出繪本故事書的單字及句子（雖然不一定懂意思）。 2. 簡單以低階問題（如 who, when, where, what）來引導孩子理解單字與內容。	1. 每週閱讀（或朗讀）1-2 本繪本。 2. 依照故事書內容，畫出自己的圖畫。	1. 以繪本故事書，帶領孩子接觸不同文化及認識動物、自然及生態等多元文化內涵。閱讀過程中，可使用中文（或書中的簡單單字）解釋書中角色的行為。

	年紀	中文	母語
國小階段	6–9 歲	1. 閱讀繪本，並能講述故事。 2. 進行中文字詞的認識及書寫。	1. 生活對話以及購物對話。 2. 觀看母語電視兒童節目（如卡通），並能重複或簡要說明所看及所聽的內容。 3. 如母語有文字書寫，可以拼寫生活的單字及短句。
	10–11 歲	1. 閱讀故事書，並能以文字及口語講述故事內容，並能有系統表達自己的想法及意見。 2. 中文文字書寫，並能簡單寫出短句及段落，回應一些知識性的問題。	
國中階段	12–5 歲	1. 閱讀改寫過的古典文學作品。 2. 閱讀青少年小說或知識性書籍（150 頁以上）。 3. 以口語說出上述內容之大意。 4. 以大約 150–300 字摘要內容或自己的想法。	1. 生活對話及常用的母語慣用語或俗語。 2. 觀看電視節目（新聞或綜藝節目），並能簡要說明內容。 3. 如母語有文字書寫，可以拼寫生活的單字及短句。 4. 認識自己母語文化的內容（如節慶、飲食、穿著），並能以母語表達自己的意願。
高中階段	16–18 歲	1. 閱讀古典文學原文，並理解其意義及內容，能以口語或文字，摘要其大意。 2. 閱讀當代文學（如金庸武俠小說）或非文學作品（含社會學科及科普書籍），並能理解內容細節，並以口語或文字摘要其內容。 3. 書寫 300–500 字之知識性及批評性文章。 4. 觀看知識性媒體（如國家地理頻道或閱讀商業、文學、社會及科學雜誌，並能流暢以中文發表 3-5 分鐘的自我看法及對某些議題的理解。	1. 以 1-3 分鐘的母語介紹自己、家庭、環境等。 2. 觀看母語節目（含新聞、知識性節目）。 3. 如母語有文字書寫，可以書寫簡單電子郵件。

英文			
發音、朗讀、閱讀理解、簡單口說及對話、簡單書寫、多元文化認識			
1. 帶領孩子練習學校所教的朗讀字母發音及課本內容。 2. 如經濟許可，可聘請英語母語人士，每週進行 2 小時口語對話或對某些文章的研讀討論。	1. 帶領孩子自己朗讀繪本。 2. 引導孩子自己問一些簡單的問題，進行故事內容的簡單對話。	1. 每週閱讀 2–3 本繪本。 2. 每次從書中選出 1–3 個動詞，要孩子自己造句。 3. 教導孩子使用字典，學習自行閱讀及理解能力。	1. 以繪本故事書，帶領孩子接觸不同文化及認識動物、自然及生態等多元文化內涵。閱讀過程中，可使用書中英文單字及簡單句子解釋書中角色的行為及文化內涵。
1. 可以完全使用自然發音法，有自行朗讀內容的能力。 2. 帶領孩子至書局選購自己喜歡的英文書籍（適合其語言能力的書籍）。	1. 與孩子一起閱讀一本青少年故事書（或知識性的科普書、社會知識書籍），寫出 20-50 字的摘要。 2. 請孩子以 1–2 分鐘，口語重述故事內容或其知識主題。	1. 每週閱讀 1 本青少年故事（約 30-50 頁）。 2. 每次從書中選出 3–5 個動詞，要孩子自己造句。 3. 教導孩子如何使用字典，學習自行閱讀及理解能力（如拆句理解的能力）。	1. 與孩子討論所閱讀書籍的內容（如科學性知識、保健知識、運動）。
1. 帶領孩子自行列出英文書籍書單，上網購賣或至國外 Amazon 網站購買。 2. 出國旅遊行程及所有規劃，由孩子主導，並製作一份英文的旅行行程（itinerary）。	1. 孩子可自購英文書籍，自行閱讀，可請其寫出 30-50 字的心得想法。 2. 可上網觀看有興趣的英文演講、新聞報導、運動或國外大學所開放的英文課程。 3. 登記國外的學習網路（名校大學課程），並參與課程。	1. 如經濟許可，可聘請英語母語人士，每週進行至少 2 小時口語對話或對某些文章的討論。 2. 鼓勵孩子參加校內外或國內外的英語文競賽（如演講比賽、簡報比賽、英文為主的科學實驗及社會研究等）。	1. 固定訂閱某些主題的英文雜誌（如商業、科學、文化、時尚、設計、建築、運動、飲食等）。 2. 每週至少由孩子告知本週最喜歡的文章內容（中文或英文、口語或書寫）。

附錄三 雙語書單及網路教材資源

雙語書單

雙語教育英語繪讀本書單

適用年齡：7-15 歲（國中小學）

‧20 項主題 + 4 階段適齡選書

‧兼具英語學習、主題廣度與內容深度的閱讀解方

https://pse.is/4smeel

永續發展目標（SDGs）書單

適用年齡：7-18 歲以上

‧社會、環境、經濟三大面向認識永續發展目標

‧精選繪讀本接軌國際趨勢

https://pse.is/4rd7x4

網路資源

教師視野網

適用年齡：7-12 歲（國小）

https://www.teachervision.com/subjec

Discovery Education Espresso

探索教育英語教學網 雙語教育英語教學資源庫

適用年齡：7-12 歲（國小）

· 300 多個英語教學頻道
· 包含英國國定課綱：第一關鍵階段與第二關鍵階段學
  科頻道及兼具英語學習的主題式教學資源與工具。

Next Generation 05

雙語教育大未來

掌握最新趨勢與發展，讓孩子在教學實驗場中勝出！

2023年5月初版　　　　　　　　　　　　　　定價：新臺幣350元
有著作權・翻印必究
Printed in Taiwan.

著　者	陳　超　明	
叢書主編	李　佳　姍	
特約編輯	李　　芃	
內文排版	江　宜　蔚	
封面設計	Ivy Design	

出　版　者	聯經出版事業股份有限公司	副總編輯	陳　逸　華		
地　　址	新北市汐止區大同路一段369號1樓	總編輯	涂　豐　恩		
叢書主編電話	(0 2) 8 6 9 2 5 5 8 8 轉 5 3 9 5	總經理	陳　芝　宇		
台北聯經書房	台 北 市 新 生 南 路 三 段 9 4 號	社　　長	羅　國　俊		
電　　話	(0 2) 2 3 6 2 0 3 0 8	發行人	林　載　爵		
郵 政 劃 撥 帳 戶 第 0 1 0 0 5 5 9 - 3 號					
郵 撥 電 話 (0 2) 2 3 6 2 0 3 0 8					
印　刷　者	文 聯 彩 色 製 版 有 限 公 司				
總　經　銷	聯 合 發 行 股 份 有 限 公 司				
發　行　所	新北市新店區寶橋路235巷6弄6號2樓				
電　　話	(0 2) 2 9 1 7 8 0 2 2				

行政院新聞局出版事業登記證局版臺業字第0130號

國家圖書館出版品預行編目資料

雙語教育大未來：掌握最新趨勢與發展，讓孩子在
教學實驗場中勝出！/ 陳超明著 . 初版 . 新北市 . 聯經 . 2023
年5月 . 216面 . 14.8×21公分（Next Generation 05）
ISBN 978-957-08-6897-5（平裝）

1.CST：雙語教育 2.CST：臺灣教育

520 112005654